老屋時態

台湾レトロ建築
をめぐる旅

著・写真：**辛永勝・楊朝景**　訳：小栗山智

X-Knowledge

まえがき

レトロ建築の再生
流れる時の瞬間に立ち会う

　中学生の英語の授業の時、先生が黒板に横に長い矢印を書き、「現在、過去、未来」の節目ごとに「テンス（時制）」の変化を説明してくれたことを、おそらく皆さんも記憶しているでしょう。まるで同じようなフレーズに見えても、テンスが違えば意味も変わってきます。

　私たちがリノベーションされた古い建築を訪れる度に感じていたのは、「レトロ建築の再生」で語られるのが、もっぱら建築の修復の手法や活用の成果であったことでした。荒廃していた古い建物を保存しつつ、新たな命を付与することは敬服に値します。しかしながら、元は診療所や工場、倉庫、または住宅であっても、建物の主がその建築を建てた当初の思いがあるはずです。だからこそ、これらの素晴らしい空間に身を置いた時、建物がどのような目的で建てられ、どのような時を経てきたのかと、自ずと興味が湧いてくるのです。特にリノベーション後も保存された過去の形跡や、過去と現在を繋ぐ象徴的な存在は、まるで過去に敬意を捧げ、同時に建物の物語を語りかけているかのようでもあります。

　総じて、新しい建物も古い建物もただの「箱」に過ぎず、その空間を適切に利用してはじめて「魂」が吹き込まれます。過去から現在に至るまで、同じ建物にもその時々に付与された役割があり、社会の風潮や流行の変化もまた、建物の空間、内装、間取りに影響を与えてきました。しかし、一つだけ決して変わらないことがあります。それは時間の流れとともに歴史を重ねてきたという

事実です。どの建築にも物語があり、その利用目的が変わるたびに時間軸の上の節目となり、その節目を繋げていくと、ひとつの物語が見えてきます。

本書に収めた事例は、建物が建てられた年代と目的、続いて保存、修復、再利用について紹介しています。「古い建物のテンス」を通じて、その地域の発展や文化、歴史について触れれば、建物の空間にもより時代の余韻を感じることができるはずです。

本書『台湾レトロ建築をめぐる旅』は、台湾の総合誌『新活水』の電子版コラムに寄稿していたもので、主にリノベーション空間とその歴史の脈絡について紹介していました。しかし、コラムが始まった当初はコロナ禍の厳しい時期だったため、なかなか台湾各地にある古い建物の再生事例を訪ねることができず、寄稿も断続的になっていました。これでは編集者に迷惑をかけると思い、最後は寄稿の中止を決めました。これについては、今も大変申し訳なく思っています。今回の出版にあたり、一部の寄稿内容を本書に収めることに対し、『新活水』の運営サイトと編集部のご理解をいただきましたことに感謝いたします。

本書を執筆中、建物の過去と現在を記録しながら、同時に「今この瞬間をつかもう」という意識が常にありました。確かに、過去のシリーズで紹介してきたレトロ建築の多くは、当初からさらに変化を遂げていますが、訪れた時の感動は今も鮮明に覚えています。建物が今も消えることなく存在し、ただ時間軸に新たな節目を生み出し、新たな物語を紡ぎ始めたのだと、嬉しく思うのです。

私たちは古い建物の未来を予測することはできませんが、建物の過去と現在について語り、記録することはできます。私たちにできることは、建物のこれまでの物語を綴ることなのです。「今この瞬間をつかむ」——それは今現在に注目せよという意味ではなく、過去から今日までの変遷をもとに、今の状況にどう対応していくかについて、

何らかの参考になればと思っています。

　今回も各建物の建築様式、使用目的の変化のほか、読者が実際に訪れて参観できる再生事例を選びました。本書を物語として、または文化的スポット探訪のガイドとして気軽に読んでいただき、古い建築が変動する歴史の中で残した痕跡を感じ取っていただければと思います。

　また、古い建物を事業空間とする現在のオーナー、または未来のオーナーの読者にも、本書を通して建物が持つ物語の貴重さを理解してもらい、建物の修復において新旧の最もよいバランスを考えるきっかけとなればと思っています。それは観光やレジャーで店や施設を訪れる客にも、建物により深い印象と素晴らしい思い出を残すことになるはずです。

　取材と執筆にあたり、今回も多くの励ましとご協力をいただきました。台湾を一周、また一周する私たちに付き添ってくれた仲間をはじめ、レトロ建築に関心を寄せてくださる皆さん、そしてこれまでも出版を支えてくださった出版社「馬可孛羅」に心から感謝いたします。また、本書で紹介した施設のオーナーや運営会社、関係者の方々は、ご多忙の中、取材や撮影に協力してくださっただけでなく、貴重な資料と過去の写真も提供してくださいました。私たちが歴史ある建物の過去と現在を記録し、出版の機会を得ることができたのも、建物を丁寧に修繕し、再生し、守ってくださった皆さんのご尽力にほかなりません。

　皆さんと共に、レトロ建築の時間軸の一つの節目となれたことをとても光栄に思います。再生させた建物の現在が順風満帆であることを願い、すべてのオーナーの皆さんが、これからも建物のために素晴らしい物語を紡いでいってほしいと思います。

まえがき ... 二

一章
「老屋」の盛衰 ... 九

新富町文化市場U-mkt ... 一〇

眺港Caféと旧菅宮勝太郎邸 ... 二四

太康壹壹參 ... 三六

邸tai dang 創世基地 ... 四六

二章
歴史に秘められた物語 ... 五七

永添芸術・金馬賓館当代美術館 ... 五八

黄埔新村 ... 六四

光角背包客旅店 ... 七八

三章
民心と仁医 ……… 九

台南市二二八紀念館暨中西区図書館 ……… 九二
保生堂漢方珈琲館 ……… 一〇二
霧峰民生故事館 ……… 一一二
桃城豆花 ……… 一二二

四章
時代の変遷を俯瞰 ……… 一三五

新竹市影像博物館—或者光盒子 ……… 一三六
大山北月景観餐庁 ……… 一四八
富興工廠1962 ……… 一五八
銀座聚場 ……… 一六六

＊本書の情報は原書刊行時のものです。見学の際には事前に最新情報をご確認ください。
＊本書は著者の了承を得た上で、原書を独自に抄訳・編集したものです。

老屋時態

Copyright © 2023 辛永勝・楊朝景 文・写真
Japanese translation rights arranged with Marco Polo Press,
a division of Cité Publishing Ltd through 太台本屋 Tai-tai books, Japan

装丁
岩元萌
（オクターヴ）

地図制作
株式会社ジェオ

一章 「老屋」の盛衰

＊「古い建物」の意。著者のユニット名「老屋顔」の由来でもある(詳しくは『台湾レトロ建築案内』参照)。

庶民の市場 日本統治時代の史跡
新富町文化市場U-mkt
（シンフーディンウェンファーシーチャン）
旧 新富町食料品小売市場

「民は食をもって天と為す」の言葉のとおり、台湾には長い歴史をもつ市場が各地にあります。「伝統市場」と呼ばれるこれらの市場では、野菜や肉などの食料品が売られているのはもちろん、近隣住民が生活の情報を交換したり、ご近所さんと関係を維持したりするための場でもあります。だからこそ、品揃えが豊かで価格もはっきり提示され、しかも清潔で衛生的なスーパーマーケットが近くにできたとしても、台湾の人々にとって伝統市場は変わることなく重要な存在なのです。

一章 「老屋」の盛衰 新富町文化市場U-mkt

　台北の万華には観光客が必ず訪れる龍山寺や剥皮寮　歴史街区などの観光スポットのほか、近くの市場では台湾グルメも楽しむことができます。しかし、この街にもう一つの市場が存在することを知る人は少ないでしょう。それが「新富市場」です。新富市場は日本統治時代後期の1935年(昭和十年)に建てられた公設市場で、「新富町食料品小売市場」として、当時の新富町三丁目二十一番地に開設されました。市場には野菜や肉、海鮮などの生鮮食品のほか、タバコや酒、雑貨などの日用品を売る店が三十数店ほど並び、市場の外には駐車場、公共トイレ、ゴミ置き場、市場の事務所と管理人宿舎も設置されました。

モダニズム様式の外観と機能的な設計

　新富市場は、当時の州政府が市場の空間配置と衛生規則について定めた「食料品小売市場規則」に沿って建てられた、模範的な市場でした。外観も内部も1930年代に流行したモダニズム様式が取り入れられ、特徴はなんと言ってもその馬蹄型をした建物です。外観は濃淡の異なる洗い出し壁が水平方向へと延び、入り口上部の縁に帯状の装飾を施しただけの極めてシンプルなデザインです。建築本体には強化レンガが使用され、屋根は従来の木造トラス構造ではなく、鉄筋コンクリートで天井を支えるものでした。

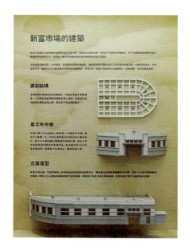

▲U字型の構造を表した模型

新しい市場建築として登場した新富市場は、居住性と衛生面を考慮して設計されました。例えばU字型建築の内側部分を中庭にし、壁には連続した窓、屋上には九つの通気口を設置するなどして、屋内に十分な採光と通風を確保しました。また、店舗の掃除に使われた排水は、やや弧を描いた床から排水溝に流れるようにし、屋上の集水溝で集められた雨水とともに中庭の地下排水溝へと排出されました。これらの機能的な設備は、市場の清潔さや匂いを考慮して施されたものでした。

戦後の衰退と再生

第二次世界大戦後期、台湾では生活物資が配給制となり、新富市場は一時的に閉鎖されました。終戦後に名称を変更して営業が再開されると、国民政府の台湾への撤退に伴う人口激増などにより、市場はかつてない活況を迎えます。しかし、環南卸売市場の設立（1978年）や市場外部にあふれかえっていた露天商の合法化（1986年）が大きな打撃となり、新富市場は消費構造の変化と周辺市場との競争に勝てず、店舗が次々と転出していきました。

▲改修前の新富町市場の入り口（提供：台北市市場処）

▲提供：台北市市場処

一三　一章　「老屋」の盛衰　新富町文化市場U-mkt

その後、存続と取り壊しがたびたび議論される中、新富市場は2006年に台北市の指定古跡に認定されました。2013年末に内部の修復を終えると、翌年に「忠泰建設文化芸術基金会」が旧新富市場の運営権を取得。そして2017年、旧新富市場は食への学びや、地元と外部コミュニティとの繋がりを主旨とする「新富町文化市場U-mkt」として生まれ変わることとなったのです。

旧市場の構造を活かしたリノベーション

台北市認定の古跡のため、リノベーションは建築本体を破壊しないことを前提に、建築士の林友寒氏が担当。内部はU字型の直線通路を残し、通路と売り台が並んでいた境を半透明の壁で仕切りました。通路側の壁には旧市場で使われていた物品や関係者へのインタビュー記事を展示、壁の裏側は一方が配線や配管などの設備、もう一方は基金会のオフィス、展示ホール、会議室、料理教室という空間配置。排水のためにやや盛り上がっていた通路は平らになり、U字型の開口部分には足元に透明材を使用し、当時の地面が観察できるようになっています。

▼改修後も濃淡の異なる洗い出し壁を保存

▲当時の台湾で最も近代的だった公設市場建築

▲展示スペースとオフィスを半透明素材の壁で区切る

一五　一章　「老屋」の盛衰　新富町文化市場U-mkt

▲おつまみ持ち込みOKの「万華世界下午酒場」

　館内では展覧を通じて市場の歴史を知ることができるほか、「昼飲み」文化を体現した日本式の居酒屋「万華世界下午酒場」でお酒も楽しめます。店内にはかつてのボヤで焼け焦げた扉が残っており、保存された二つの売り台と共に旧市場の名残をしのぶことができます。料理持ち込みOKの居酒屋でほろ酔い気分になれば、新旧の市場のはざまで、歳月の境もぼんやりとしてしまうでしょう。

ダイナミックなU字型が施設の名称の由来

U字型の建物に囲まれた中庭は、カーブした壁に並ぶ窓や水平に延びる胴蛇腹(帯状の装飾)、U字型に切り取られた空などが若者の人気を呼び、今やフォトジェニックスポットとして話題を集めています。そして管理人の宿舎だった木造建築は、日本の「トーキョーバイク」が入居しており、自転車のレンタルや修理などのサービスのほか、カフェも併設しています。

　再生を果たした新富町文化市場U-mktは、これまで多数の展覧会やイベントを開催し、「伝統市場」の文化の再生と活性化に力を入れてきました。運営者の忠泰建設文化芸術基金会が目指すのは、様々なキュレーターや地元の人々との繋がりを通じ、食料品の売り買いに留まらない旧市場の文化的価値と意義を発掘していくことなのです。

一章 「老屋」の盛衰　新富町文化市場U-mkt

▲市場の横に建つ旧木造宿舎には「トーキョーバイク」が入居

建物の歩み

年	主な出来事
1935	1月7日「新富町食料品小売市場」着工、半年後の6月28日に落成開業
1941	第二次世界大戦勃発
1944	戦時中、物資が配給制となり市場は営業停止に
1945	新富市場営業再開
1988	台北市初の農産品直売センターが新富市場に設立
2006	新富市場が台北市認定の史跡に
2013	市場内の修復完了(台北市市場処)
2014	忠泰建設文化芸術基金会が9年間の運営権を獲得
2015	古跡再利用のための増築改装工事(忠泰建設文化芸術基金会)
2017	「新富町文化市場」オープン

新富町文化市場U-mkt
台北市萬華区三水街70号
TEL：02-2308-1092
営業時間：10:00〜18:000
休日：月曜

二四

二人の異郷人が見た港の景色

眺港Caféと
旧菅宮勝太郎邸

旧 新港支庁長菅宮勝太郎邸

一章 「老屋」の盛衰　眺港Caféと旧菅宮勝太郎邸

　台湾南部台東県の町、成功鎮は、その昔「麻荖漏」（先住民アミ族の言葉で「Madawdaw」）と呼ばれ、先住民が農耕生活を送っていた地域でした。日本統治時代に入った1920年代に新たな漁港が建設され、近隣の旧漁港と区別するため「新港」と名付けられました。大型船舶が停泊できる漁港を持った町は、台湾東部の行政と商業の中枢となるまでに発展し、日本からも多くの漁民が海を渡って移り住み、日本の漁業文化が持ち込まれることになりました。例えば新港で獲れる主な魚種はカジキマグロですが、その漁法には日本人が伝えた「突きん棒漁」を取り入れているほか、水揚げされたばかりの魚介類を独特のかけ声や指の動きで売買する魚市のセリもまた、日本統治時代から続くものです。

日本人地方首長と
戦後地元医師の第二の故郷

　1922年（大正十一年）、その新港に支庁長として赴任してきたのが菅宮勝太郎でした。彼は建設中だった港の周辺地域の開発と外部連絡道路などの開発計画を任され、町の通りを現代的な碁盤目状に整備したり、地域の用水や下水道などのインフラ建設を指揮しました。1932年（昭和七年）に新港が竣工する頃、十年もの心血を注いだ町のこれからの発展を見届けたいという思いで、菅宮は異動の辞令を断り、新港に定住することを決意。彼は現在の中山東路に二階建ての木造の住宅を建て、二階のベランダからは自らが街づくりを手がけた新港と港湾を眺望できました。菅宮は新港で二十一年の歳月を過ごし、1943年（昭和十八年）に病気で他界しますが、1990年に子孫が引き取りに来るまで、その遺骨は新港の公設墓地に眠り続けました。

　戦後、日本人が引き揚げると新港は「成功」と名を改め、旧菅宮邸は高端立（ガオドゥアンリー）という医師が購入し、「高安医院」を開業します。高医師は台湾の初代キリスト教長老派教徒である高長（ガオチャン）という人物の末裔であり、代々医師や牧師に従事する家の出身でした。当時築十数年になる日本式建築を半開放的な診療所とし、一階の座敷を調剤室、海に面した縁側と庭を待合室としたほか、住宅の右側にレンガ造りの診療室を増築。また、趣味の蘭栽培のために、二階のベランダに天井を付けて室内型の温室に改築しました。

◀菅宮勝太郎（提供：新港長老教会）

▲高端立医師一家、住居前で記念撮影（提供：新港長老教会）

▲林川明牧師、旧新港教会前で記念撮影

地元の人々に守られてきた
レトロ建築

　地元の信者にとって診療所は日曜礼拝の場でもありました。診療所兼自宅が手狭になったため、高医師は1960年に旧菅宮邸の隣に鉄筋コンクリートの新しい診療所を建て、木造建築は1995年に医師を引退するまで、高一家の自宅として使用されました。その後、高医師と深い繋がりのあった新港教会がこの二つの古い建築を買い取り、外地からの信者やバックパッカーの宿泊施設として提供。2003年には台東県の歴史的建築に認定され、教会と地元団体による修復計画が2020年にスタートしました。

◀二階のベランダで蘭の栽培をする高医師
（提供：新港長老教会）

▲修復後の旧菅宮邸
二階のベランダからは
港が眺望できる

　2022年に修復が完了し、九十年前の姿を取り戻した旧菅宮邸。東海岸では数少ない二階建て木造建築でありながら、西洋式の柱と二階のベランダ、欄干はすべて鉄筋コンクリート構造で、当時流行していた和洋折衷の建築様式の典型でもあります。屋内もドアを本来のふすまに変えるなど、日本式の住居を忠実に再現したほか、高医師によって室内化された温室も、港が眺望できる開放的なベランダに戻されました。一方、隣に増築された鉄筋コンクリート造の診療所は、外壁には黄色の筋面タイルが貼られ、室内の受付台、待合室、診察室は灰色のテラゾー（人造大理石）でまとめられています。耐久性に優れ、手入れも容易だったことから保存状態も良好です。

　現在、この旧診療所で「眺港Café」を経営しているのは漢方医の張 晏（ジャンイェン）夫妻。妻のLindaさんお手製のスイーツと、張医師特製の漢方コーヒーと漢方ハーブティーが楽しめ、今では成功鎮を訪れる観光客が必ず立ち寄るスポットとなっています。異なる二つの時代の異郷人が根を下ろした新港。彼らが過ごした旧居は地元の人々にしっかりと守られ、受け継がれ、この町のランドマークとなったばかりでなく、新たな命も吹き込まれたのでした。

二九　一章 「老屋」の盛衰　眺港Caféと旧菅宮勝太郎邸

▶漢方コーヒーを淹れる
　漢方医の張晏さん

▲旧診療所の受付台内部をセレクトショップに

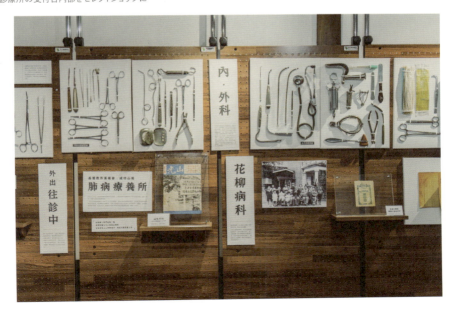

▲旧菅宮邸の隣に増築された診療所

一章 「老屋」の盛衰 眺港Caféと旧菅宮勝太郎邸

三一

ゆっくりとくつろげる旧診療所の空間

一章 「老屋」の盛衰 眺港Caféと旧菅宮勝太郎邸

建物の歩み

年	主な出来事
1922	菅宮勝太郎が新港支庁長に着任
1929	新港建設工事着工
1932	新港竣工、菅宮勝太郎が自宅を建設
1943	菅宮勝太郎病逝
1945	終戦後、国が旧菅宮邸を接収
1946	高端立医師が旧菅宮邸を買い取り、高安診療所を開業 新港が成功に地名変更
1947	新港教会が成功に拠点を置く
1960年代	高安診療所を増築
1995	高端立医師病逝
1996	新港教会が高端立医師の旧居を買い取り、信者の集う場に
2003	旧菅宮邸が台東県の歴史的建築に認定
2015	旧菅宮邸の文化歴史資料研究が開始
2020	旧菅宮邸の修復開始
2022	修復が完了し、眺港Caféがオープン

眺港café
https://www.facebook.com/sinkangbuilding/
台東県成功鎮中山東路57号
営業時間：[金～土]12:00～17:30 [日～火]12:00～18:00
休日：水曜、木曜

旧菅宮勝太郎邸
TEL：08-985-1074
営業時間：10:00～17:00（日曜は12:00～17:00）
休日：水曜

地元の旬の食材を楽しめるレトロ建築レストラン
太康壹壹参
タイ カン イー イー サン
🄳 嘉南農田水利会工作站

　ニュースで台南市柳営(リュウイン)にある「緑のトンネル」が紹介されなければ、ここでレトロ建築を探そうとも思わなかっただろうし、この静かな村に古い建築をリノベーションしたレストランがあることなど知る由もなかったでしょう。緑のトンネルは旧台南県境の「南瀛八景」の一つにも選ばれ、道の両側に5kmにわたって樹齢五十年以上のマンゴーの木が植えられた並木道です。農業が盛んなこの太康里では、道路名は「太康」に番地を付けただけのもので、太康里一一三号にたたずむレストランは、その道路名にちなんで名付けられました。

鉄窓花や透かしブロックが
日本統治時代の記憶を留める

　太康壹壹參が入居する建物は、かつて「台湾嘉南農田水利会」の作業所でした。日本統治時代には台湾各地の水路建設や潅漑施設の統合が進められ、「水利組合」が管理を行っていましたが、戦後は各地域の農田水利会に引き継がれ、2020年以降は行政院（内閣に相当）農業委員会の「農田水利署」が一括管理しています。この旧作業所が建てられた時期は定かではありませんが、1974年の航空写真にもその姿が確認できることから、少なくとも四十〜五十年前には存在していたと考えられ、当時の建築に多く見られた鉄窓花（飾り面格子）や洗い出し、テラゾー（人造大理石）などのディテールが時代を物語っています。直線的なデザインがお役所建築らしい落ち着いた佇まいを、そして二階中央の透かしブロックや左右の柵状の装飾が、モダニズム建築の幾何学的な造形美を感じさせます。

1983年の組織統廃合で作業所の使用が停止されて以降、建物の周りには人の背丈ほどの雑草が生え、ポイ捨てされたゴミが山のように積み上がり、近所の子供たちに「お化け屋敷」と呼ばれる廃墟となっていました。このままでは疫病の温床になると心配した地域住民が、当時の農田水利会に対策を求めると、建物の塀が取り払われ、雑草やゴミが片付けられました。人々に忘れられていた旧作業所は、こうして再びその全貌を現すことになりました。

▼老朽化した木の窓枠をすべて王さん率いるチームが交換（提供：太康壹壹参）

▲木の窓枠を自力で修繕（提供：太康壹壹参）

▲壊れた屋根瓦をすべて取り外し木板を取り付けた（提供：太康壹壹参）

地元の農産業のプラットフォームに

　台北での仕事を辞め、故郷に戻ったばかりの王南景(ワンナンジン)さんは、2015年に取り壊される予定だったこの旧作業所を思い切って借り受け、地元の農産業の拠点となる場所として再生させようと決意しました。当時、王さんは地元の農家が不透明な価格で卸売り業者から搾取されている現状を目の当たりにしていました。生産が過剰だと買い取りを拒否され、災害で生産量が減ろうものなら違約金を取られ、生産量と販売価格の取り決めが農民に極めて不利だったのです。王さんは旧作業所の修復を進めるかたわら、地元農家と末端消費者を販売サイトで繋ぎ、農家自らが定める価格で新鮮な食材が販売できるようサポート。そこから得た手数料で旧作業所を少しずつ修復していきました。そして五年後の2020年、レストラン「太康壹壹参」をオープンさせたのでした。

▲修復後、「お化け屋敷」と呼ばれた古い建築が美しいレストランに

▲再生した建築は
レストランだけでなく、
有機野菜のPR活動を行う場にも

　レストランは一階にあり、提供されるのはすべてお任せ料理。地元の旬の食材をふんだんに使用し、夏場はセットメニュー、冬はオーガニック野菜の鍋料理が中心です。二間の和室がある二階はまだ開放していませんが、床の張り替えと引き戸の取り換えを終えており、今後は芸術家の創作空間として開放するほか、村の子供や若者向けの講座も開催する予定です。建物の修復は、政府の補助金や寄付に頼ることなく、レストラン経営で得た収益のみで、残る修復を少しずつ進めています。つまり、ここで地元の無農薬野菜を使った美味しい食事を楽しめば、それは建物の修繕と農業をサポートすることにも繋がるのです。オープンから二年、緑のトンネルを抜け、レストランを目当てにやってくる観光客も増えてきました。今では周辺の観光をも促し、村に残って創業する若者も増えているそうです。

長年放置され、廃墟と化していた旧作業所。かつて田畑の灌漑業務を行っていた場所は、現在は地元農業を支え、支えられるレストランとなりました。農民と時を経た建築、そして観光客がこの「農産基地」を通して、循環供給のもとで互いに必要な養分を得ているのです。

四五　一章　「老屋」の盛衰　太康壹壹参

建物の歩み

年	主な出来事
1920	嘉南大圳着工、公共水利嘉南大圳組合発足
1930	嘉南大圳竣工
1956	嘉南大圳の管理が「嘉南農田水利会」に移行
1970頃	嘉南農田水利会太康作業所設立
1983	水利会の統合により太康作業所は使用停止に
2013	太康地域の農村再生計画に伴い、水利協会と協議のうえ作業所の塀を撤去し環境美化へ
2015	太康壹壹参の運営チームが取り壊し予定の作業所を借り受けて修復
2022	水利会が「農田水利署」に改組／太康壹壹参は賃貸を継続しレストランをオープン

太康壹壹参
https://www.facebook.com/TAIKANG113/?locale=zh_TW
台南市柳営区太康里113号
TEL：06-6221628（要予約）
営業時間：11:30〜14:00、17:30〜20:00　休日：月曜

四六

旧製糖工場が若者たちによって地方創生の場に
邸Tai Dang創生基地
旧 台東製糖株式会社

　日本統治時代、日本政府は植民地の自然資源を利用するため、台湾で大規模な調査と開発を行いました。それにともない進められたのが各地の水利施設や用水路、そして台湾に広く敷設された鉄道などのインフラ建設です。また、農産品の加工技術の開発は、農産物の価値を高めたばかりでなく、台湾の伝統農業の産業化を促し、戦後初期の台湾の経済発展の礎を築くことにもなりました。その台湾の数ある農作物のうち、真っ先に産業化されたのが製糖業です。

原料から軍需品へ
「台東糖廠」の盛衰と再生

　「台東糖廠」（製糖工場）は当初、日本統治時代の「台東製糖株式会社」（1913年設立）により運営され、設立後間もなく新式の製糖工程が導入されると、サトウキビの圧搾量は1日900トンにも達し、まさに台湾東部最大の工場区でしたした。敷地内には工場の設備や建物のほか、従業員の宿舎、浴場、さらには学校や球場、クラブなどの施設が整備され、生活機能はとても充実していました。

　太平洋戦争が勃発すると、製糖過程の副産物である糖蜜から戦闘機の燃料となる高濃度のアルコールを生産できたため、1945年初に台東糖廠は連合軍の爆撃を受け、工場や生産設備、煙突などがほぼ壊滅してしまいます。終戦後は「台湾糖業公司」の管轄下となり、生産設備の修復を経て1946年に操業を再開。1950年代に世界的な砂糖価格の下落とサトウキビの収穫コストの上昇により、台湾各地の小規模な製糖工場が次々と閉鎖される中、台東糖廠は米国の資金援助のもとで、1957年にパイナップル工場を併設。蔗糖と輸出用パイナップル缶の生産を通して地元の雇用を支えました。しかし、需給とコストの両面で苦しい運営を迫られ、1996年、台東糖廠はついに八十年の製糖の歴史に幕を下ろしました。

若者の創業支援×ブランドマネジメント
「邸Tai Dang」が目指す"共好"

　2004年、東部最大の工業跡地であった台東糖廠は、台東県の歴史的建築に登録されました。その後、カルチャー・クリエイティブパークとしてリノベーションされ、古い設備や機具を野外の舞台やインスタレーションに活かしたり、砂糖を運んだ鉄道を自転車用に整備したり、さらにアーティスト・イン・レジデンスに地元の先住民芸術家を招き、使われていない倉庫や屋舎はレストランやアーティスト、市民団体などに開放されました。

　「邸Tai Dang創生基地」はその入居団体の一つです。団体名の「邸Tai Dang」は台湾語（閩南語）で"台東にて"、当て字の「邸」は"家"の意味をもちます。団体の創立者は、ほかの地域で企業やコミュニティのコンサルティングを行っていましたが、台東の文化や環境に魅せられ、台東に根を下ろすことに。「邸Tai Dang」の名称には、そんな創設者の思いが込められていました。

　当初はパーク内の築六十年の旧宿舎を借り、台東の地元の若者やUターン希望者、または移住者を対象に起業セミナーを開催。交流イベントでは、台東での起業経験を共有し、新たに起業する若者たちに有用な情報やモチベーションを与えてきました。「共に働き（共工）、共に創造し（共創）、共に発展（共好）」──その理念のもとにますます多くの仲間が集まるようになり、2019年には活動場所を宿舎から倉庫に移すことになりました。

▲「邸Tai Dang」が最初に入居した旧工場長宿舎

四九　一章 「老屋」の盛衰　邸 Tai Dang 創生基地

▲旧宿舎には日本統治時代の痕跡が数多く残されている

▲雑草だらけだった宿舎周りは、創業者の手で心地よい環境に

パーク内の倉庫の多くは1930年代に建造されたものですが、中には戦後に建てられた鉄筋コンクリート造の倉庫もあります。対束トラスによる大スパン構造でセメント瓦の屋根を支え、コンクリートで仕上げられた両側のブロック壁は、控え壁で強度を高めています。倉庫の前後に出入口があるほか、左右の両開きの鉄製の扉からは、かつて工場と倉庫を繋いだレールが延びており、完成した加工品が工場から貨車で運び込まれました。「邸Tai Dang」は、天井の高い広々としたこの空間をコワーキングスペースや会議室、多目的教室、展示などのエリアに分け、複合的な機能を持たせています。また、起業セミナーの参加者向けの実験店舗「良倉選品」を設置し、小屋型の可愛らしいブースにオリジナル商品を並べ、観光客の反応から商品改良の手がかりを得ています。

創業者の言葉通り、「邸Tai Dang」はまるで大きな「創業インキュベーター」です。共に発展を目指す「共好」のもと、人々は創業の道のりで直面する課題を共に解決し、挑戦を共に乗り越え、台東における創業エコシステムの未来を共に築いています。

◀旧倉庫に活動の場を移した「邸Tai Dang」。地元ブランドとも協力している

▶「邸Tai Dang」がサポートする数々のブランド。商品を通じて地元産業を理解してもらう試み

建物の歩み

年	主な出来事
1916	台東製糖株式会社新式工場竣工
1957	台東糖廠パイナップル工場完工
1995	台東糖廠操業中止
1996	サービス業へ転換
2004	台東糖廠が歴史的建築に登録
2015	「邸Tai Dang」旧工場長宿舎に入居
2019	「邸Tai Dang」旧砂糖倉庫に入居

邸Tai Dang創生基地
https://www.detaidang.com.tw/
https://www.facebook.com/DeTaiDang
台東県台東市中興路二段191号（台東糖廠）　TEL：089-343-941
営業時間：11:30～17:30　休日：火曜、水曜、木曜

二章 歴史に秘められた物語

かつての軍事施設と現代アートの融合
永添芸術・金馬賓館当代美術館
旧 金馬賓館

　1950〜60年代、戦後の復興もままならず、台湾では国民党と共産党の戦いが続いていました。中国大陸からわずか2kmの距離にあった金門と馬祖（台湾西部の台湾海峡に位置する島）は前線基地となり、1958年の「金門砲戦（八二三砲戦）」では二時間の間に六万発もの砲撃を受け、軍人と民間人から多くの死傷者が出ました。「戦地」となった金門と馬祖では、夜間外出禁止令が出され、灯火管制から島への出入り、通信、金融に至るまで厳しく管理され、社会や経済が発展しつつあった台湾本島とはまるで違う世界でした。今でこそ当時の軍事的なスローガンや施設などが売りの観光スポットとなりましたが、かつてここに配属された兵士らは、家族と今生の別れを覚悟して島に渡ったのでした。

▲提供：永添芸術・金馬賓館当代美術館

金門・馬祖の老兵 共通の記憶

　「金馬賓館」は、島への出航を待つ軍人の宿泊場所として、そして島の住民が乗船券と乗船登録を行う窓口として台湾本島の高雄(ガオション)と基隆(ジーロン)にそれぞれ設立されました。もっとも建物の中に宿泊できたのは上級士官で、一般の兵士はその裏に設けられた臨時の兵営で夜を過ごしました。三階建ての高雄の金馬賓館は1967年に完成。一階の縦格子や建物中央の内巻きになった頂部を除けば、軍事施設らしい無駄のない外観です。頂部に並んだ四つの開口部が時間帯によって様々な形の影を作り、その影と重なった「金馬賓館」の看板が、この建物唯一の装飾と言えるかもしれません。1998年に役目を終えると、高雄鉄道地下化工事のオフィスとなり、その後2016年には民間企業が入居。五十年の時を経て、かつて閉鎖的で厳重な警備が敷かれていた軍人の宿泊施設は、優美な芸術空間として人々に開放されることになりました。

複数の組織が使用していたため
建築に統一感がなく、外壁も老朽化していた
(提供:永添芸術・金馬賓館当代美術館)

軍事色は薄れ 緑豊かな現代美術館に

　「金馬賓館」の名が過去との繋がりを留めていますが、その中に身を置くと、かつて軍用施設であったことを不思議と感じさせません。修復は建物の輪郭を残し、壁面は淡色の洗い出し（拭き取り工法）で仕上げられ、廊下のテラゾー（人造大理石）床や階段の欄干などは当時のまま残され修復が加えられています。雑然とした印象を与えるアルミサッシはすべて撤去して開放感を高め、展示スペースの床まである内窓が光を室内まで届けています。また、小山に面した建物の裏側にも新たに窓を設置。こうして金馬賓館の窓や扉は、空間を閉ざすものから周りの環境と繋がりを持つものとなり、今日も人々を美術館へと誘います。敷地内に唯一新築された二階建てのカフェテリアは、従来の建築と違和感なく融合し、来館者に芸術鑑賞の余韻に浸りながら、ほっとくつろげる場を提供しています。

　敷地内の植栽にもこだわりがありました。建物前後の空間には、台湾各地から「救出」された老樹が植えられているのです。建築本体の落ち着いたグレーに、最も自然と調和する緑を合わせることで、シンプルなムードを醸しだしています。

◀シンプルで洗練された外観。内巻きになった建物中央頂部と四つの孔が特徴的

▲本館と繋がったカフェテリアでは軽食が楽しめる

館内では実験芸術やメディアアート、応用芸術、コンテンポラリーアートなどさまざまなアートが展示されています。かつては兵士が戦地へ赴く中継地であり、平和と戦争との境界線でもあった金馬賓館。現在、資料室と受付だったスペースには、兵士が家族とやり取りした手紙が常設展示されているほか、ドキュメンタリーやアートを通じて、当時の重い歴史の記憶を今に伝えています。

ここを訪れるたびに、老兵に出会います。戦時中の話に耳を傾けていると、当時の歴史がより立体的に感じられ、歴史の現場を訪れなければ湧き起こることのなかった思いが込み上げてきます。台湾の平和を守るため、命を懸けて離島で戦った兵士に感謝を捧げます。

建物の歩み

年	主な出来事
1958	金門砲戦（八二三砲戦）1958〜1979年
1962	行政院新聞局が「金馬奨」（映画賞）を開催
1967	「中華民国軍人之友」が金馬賓館を建設
1992	金門・馬祖の戦地政務が解除
1997	防衛改革により金馬・馬祖の駐留軍を縮小
1998	交通部鉄工局の高雄鉄道地下化オフィスに
2012	高雄鉄道地下化オフィスが移転
2016	高雄市都市発展局が新たに入札を実施
2018	金馬賓館当代芸術館オープン

永添芸術・金馬賓館当代美術館
高雄市鼓山区鼓山一路111号
TEL：07-972-1685
開館時間：10:00〜18:00
休日：月曜

二章 歴史に秘められた物語 永添芸術・金馬賓館当代美術館

台湾の近代史とともに歩んだ軍人村を再生
黄埔新村
ホァン　プー　シン　ツゥエン
🈔 鳳山黄埔新村

▲黄埔新村内の未修復エリアでは当時のままの様子が残る

1949年、国民党は国共内戦に敗れると、軍人や軍人家族を率いて台湾に渡り、その数は百万人以上にも上りました。彼らは政府が軍の階級別に割り当てた場所で暮らし、それによって形成された集落が「眷村」でした。当初800カ所以上もあった眷村は、大きく揺れ動く台湾現代史において形成された特殊な集落形態であり、その中で最も古い眷村が「黄埔新村」です。

戦後の台湾を見守ってきた
台湾初の眷村

日本統治時代、台湾南部の高雄(ガオション)は太平洋戦争の際に日本軍の南進基地となり、鳳山(フォンシャン)に軍用鉄道、火薬庫、無線電所などの重要な軍事施設や営舎が整備されました。戦後は国民政府が接収し、ビルマの抗日戦で軍功をあげた孫立人(スェンリーレン)将軍が、1947年にこれらの施設や倉庫を陸軍訓練司令部基地や官舎として利用しました。当初は「誠正新村」と命名されましたが、後に近隣に黄埔陸軍学校が再建されたのに合わせ、1950年に「黄埔新村」と改められました。太平洋戦争以来、黄埔新村は国共内戦、国民政府の台湾撤退、さらには白色テロ（国民党政府による恐怖政治）など、戦後台湾の重要な歴史事件を見守ってきたのでした。

▼眷村時代を偲ばせる写真

▲家屋の簡素な側壁

▲再生を果たした
黄埔新村と相呼応する
鬼瓦の「新」の字

　日本統治時代に建てられた集落内の宿舎は戸建て、もしくは戸建てが二つ並んだテラスハウス式の住宅が多く、コンクリートの補強が施されたレンガと木材の混合構造です。内部は床の間、欄間、縁側など和室の特徴を備え、建物の前後には庭がありました。厨房には排煙のための煙突も。後に国民政府軍とその家族が大挙して入居しますが、居住空間が足りず、一戸を二戸に分割したり、前後の庭に住居を建て増したりしました。その後、住民が外へと移転し始めると、残された建物の荒廃が進み、国防部が2013年に取り壊しを決定。幸い、高雄市が文化資産としての評価を当局に申請し、黄埔新村は法で保護される「文化景観」に登録されました。高雄市は広大な面積を持つ黄埔新村の管理を担うことになり、様々なプランで入居者を募り、集落の再生に取り組みました。

政府と入居者が協力して村を再生

　黄埔新村が掲げる「以住代護」というコンセプトは、入居者に建物の修繕や維持を行ってもらうというもの。高雄市は2014年より様々な補助プランを打ち出し、入居者の募集を行ってきました。例えば賃料は免除されるが営業不可の「全民修屋計画」、民宿法の規制緩和に伴う「眷村民宿計画」、その折衷案の「眷村築夢創生計画」や「青創HOUSE計画」など、放置されていた眷村再生に政府と民間が力を合わせて取り組みました。

私たちも幾つかの入居者を訪ねました。初期に入居した「SOHO工房」の書豪(シューハオ)さんは、木工家具造りとインテリアデザインの専門を生かし、建物を修復しながら工房兼住宅として建物を利用しています。政府から上限の補助金を獲得したものの、屋根の修復だけでほぼ消えてしまい、全体の修繕には二年もかかったそうです。室内には日本式の囲炉裏、眷村時代の円卓、そして彼が入居してからの作業台があり、まるで黄埔新村の過去から現在までの時間を繋いでいるかのようでした。

二章 歴史に秘められた物語 眷村 黃埔新村

六九

▼眷村のイメージをガラス越しに写した一枚

日本式家屋の囲炉裏を再現（SOHO工房）

七

▲人々の交流にぴったりの広々とした空間(SOHO工房)

二章 歴史に秘められた物語 黄埔新村

七一

　　民宿計画で入居した俊瑜(ジュンユー)と楽楽(ラーラー)さんは、民宿「眷待期休憩所」を経営。眷村時代に増築された「離れ」を宿泊施設、「母屋」の畳敷きの和室とブラウン管のテレビが置いてあるレトロなリビングを共用スペースとして利用し、和室の畳、リビングのフローリング、離れの洗い出しなど、各時代を象徴する床を残しています。二人は自らも歴史の一部であるという使命感を携え、建物の保全に力を尽くしています。

東六巷にある「驢子実験室」は、キッシュで有名な「元珈驢派」とベーカリーの「Lab146」が共同でオープンしたカフェです。士官階級の宿舎だったと思われ、縁側の張り出した長廊下、ふすま、欄間などの日本式建築の特徴を残しています。通気性を確保するための高床式は、熱帯気候ならではの工夫だったのでしょう。店には兵隊のミニフィギュアが飾られ、黄埔新村が持つ軍事的色彩を演出しています。

　眷村のほとんどが「○○"新村"」という名称ですが、これは台湾の昔ながらの集落と対比させた表現でした。「以住代護」の入居計画が始まってから十年、黄埔新村には新たな住民が民宿や飲食店の経営、工房やワークショップ開設などの目的で入居し、荒廃していた眷村に新たな活力をもたらしています。高雄市には今も旧眷村がいくつか残っており、どれも貴重な文化資産です。「以住代護」は入居率を効果的に高められるだけでなく、維持コストも抑え、新たな時代における眷村の再生を促すものとなるはずです。

七五　二章　歴史に秘められた物語　黄埔新村

▲四季の美しさを楽しめるように
座席を窓際に設置

建物の歩み

年	主な出来事
1941	日本軍四十八師団練兵場の陸軍官舎集落
1947	孫立人による反共新軍を訓練するための幹部官舎に
1948	「誠正国小」(小学校)の創立にともない「誠正新村」に名称変更
1950	陸軍学校が鳳山で再建され「黄埔新村」に名称変更
2013	黄埔新村が歴史的景観に指定
2014	黄埔新村の「以住代護」入居計画開始

黄埔新村
高雄市鳳山区中山東路16号

◀驢子実験室の外観

二章 歴史に秘められた物語 黄埔新村

七七

▲レンガ壁の入り口から内部にいざなわれる

山あいの町に佇む温もりに満ちた宿

光角背包客旅店
（グァン　ジャオ　ベイ　バオ　クー　リュー　ディエン）
（Da Cag Giog Hostel）

旧 江上製材所労働者休憩所

苗栗県の山間部にある小さな町——南庄。古くは先住民のサイシャット族とアタヤル族が暮らしていた地域で、今では主に先住民と客家人が生活しています。かつては林業と炭鉱業で栄え、最盛期には人口が三万人にも達したといいます。しかし、国外から安価な石炭が輸入されると鉱業は競争力を失い、林業も政府による伐採禁止令により衰えていき、人口も大量に流出してしまいました。観光地化に成功したのはここ十年ほどのことで、今では休日になると観光客であふれ、物販業者も町の外からやって来ます。ところが、地元は観光地化による恩恵をあまり受けていません。そこで立ち上がったのが、南庄内外から集まった若者たちでした。

日本統治時代から戦後——製材地の盛衰

南庄は農耕を中心とする地域でしたが、森林資源が豊かだったため、日本統治時代には樟脳の生産、森林伐採、炭鉱などが栄え、夜になると飲食店や映画館は仕事を終えた労働者で賑わいました。現在は「桂花巷」や「十三間老街」などの観光スポット、山々に囲まれた豊かな大自然が人気を呼び、休日ともなると観光客でごった返します。

その南庄にある光角背包客旅店は、七十年ほど前に「江上製材所」の労働者の休憩所として建てられた建築物をリノベーションした宿泊施設です。戦後に設立された「江上製材所」は、造林、伐採、木材加工などを営み、林業が栄えていた時期は多くの労働者を抱え、この休憩所で大勢が一緒に食事や休憩をとっていたそうです。その後、1963年の台風14号がもたらした豪雨と土砂により建物は大きな被害を受け、製材所が西の頭份に移転すると、休憩所は一般の住宅に改築されました。

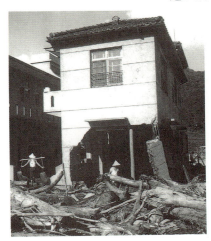

▲1963年の台風14号で損壊した建物
（提供：光角背包客旅店）

▲修復過程の建物
（提供：光角背包客旅店）

温もりに満ちたくつろぎの場所
手がけたのは若者たち

　かつて労働者が体を休めた休憩所は、今では旅人がしばしのくつろぎを得る場所となっています。二年前にオープンした光角背包客旅店は、修復時に当時の内装の要素を残す工夫をしました。例えば、ファサードの黄土色の筋面タイルは、同時期に建てられたと思われる右隣の建築と同じです。また、隣の二階の面格子には住人のイニシャルである「K」の文字が入っていますが、光角背包客旅店は面格子を残し「光」の文字を入れました。一階の面格子は開放的な窓を演出するために一部を切り取りましたが、それも店内の壁掛け棚として再利用。室内の明かりを受けて美しいシルエットをつくり、新たに運び込まれた調度品と見事に調和しています。

一階の内装には主にスギと藤が使われています。山陵の等高線をイメージした段々状の共有スペースにも側面に藤編みが取り入れられており、中から照明を当てることで間接照明の効果を出しています。二階の客室へ続くテラゾー（人造大理石）仕上げの階段も目を引きます。丸みを帯びた手すりは手にしっかりとフィットし、当時の職人の腕の高さを物語っています。長い歳月を経て色褪せていましたが、磨き直したところ、真似のできないなんとも味わい深い色合いを醸し出しています。

二章 歴史に秘められた物語 光角背包客旅店

一階の廊下にはキッチンとシャワールームがあり、突き当たりに客室があります。縦長構造の建物は奥へ行くほど暗くなりやすいのですが、ここでは廊下に透光性のある天井を取り入れ、両側の壁にはガラスブロックをはめ込み、明るさを確保する工夫がなされています。

光角背包客旅店の英語名「Da Cag Giog」、実は客家の言葉で「裸足」という意味なのだそうです。管理人によると、裸足で大地を踏めば、その土地に最も近づける、それはこの土地にしっかりと根差して取り組む姿勢なのだと説明してくれました。助けを必要とする人々のために、

隅々にまで光を届けたいという思いでつけた「光角(グァンジャオ)」の名もまた、中国語の「光脚(グァンジャオ)」(裸足の意味)と同音でした。単に営利目的の宿泊施設ではないことは、こうしたことからも想像がつくでしょう。宿泊施設を運営しているのは、志を同じくする南庄内外の若者が結成した「塩和光工作室」(「Salt & Light」)。彼らは地元の子供たちのためにキャンピングを企画したり、小中学校と協力して様々な課外授業を行ったり、放課後に宿題を見てあげたりなどの活動を行っており、仕事で忙しい親に代わって子供たちに寄り添い続けています。その活動のための資金を宿泊施設やカフェの経営、観光ガイドなどで賄っているのです。生活が不便な山あいでは若者が流出し、人々のこの土地への帰属感も薄れつつあるなか、子供たちの故郷への愛着を深め、この土地の未来を切り開いてほしい。それが「Salt & Light」の願いなのです。

八五　二章　歴史に秘められた物語　光角背包客旅店

▲山陵の等高線をイメージした段々状の共有スペース

八七　二章　歴史に秘められた物語　光角背包客旅店

八九　二章　歴史に秘められた物語　光角背包客旅店

建物の歩み

年	主な出来事
1948	江基宝が「江山製材所」を設立
1963	台風14号により江山製材所が全壊、休憩所も半壊した
1964	江山製材所が移転し、休憩所が一般の住宅に
2022	修復完了後、光角背包客旅店がコロナ禍の中でオープン

光角背包客旅店
苗栗県南庄郷西村中山路53-1号
TEL：905-601-160

三章 民心と仁医

台湾の民主主義の歴史を見つめる
台南市二二八紀念館暨中西区図書館
旧 台南州会

▲州議会の建物を復元した台南市中西区図書館

　古都、台南には文化資産に登録された史跡が数多くあり、なかでも中西区は「台南孔子廟(1665)」、「台南州庁(1920)」、「台南合同庁舎(1938)」、「勧業銀行台南支店(1937)」、「林百貨(1932)」など、台湾で最も歴史的建築が集まった地域です。特に湯徳章紀念公園のロータリー沿いに建つ旧台南州庁、旧合同庁舎、旧台南警察署は、それぞれ修復を経て「台南文学館」、「台南市消防史料館」、「台南美術館一館」となり、日本統治時代の一大建築群を形成しています。2022年、その一員として加わったのが台南文学館の隣にオープンした「中西区図書館新館」。築約九十年の歴史を持つこの建築は、台南の民主政治の始まりを象徴する建物でもありました。

台南における民主政治の萌芽

　中西区図書館は、もともと日本統治時代の「台南州会」（台南州議会）のために建てられました。当時の台南州庁の駐車場に建てられた三階建ての建築で、隣接していた州庁と連絡橋で繋がっていました。台湾の地方議会制度は日本統治時代の1930年代に始まり、当時の州議会議長は官選の州知事が兼任することがほとんどだったため、州議会の議長を兼ねていた州知事や州庁の高官が、州庁から直接州議会へ向かうことができました。

　1920〜1930年代にかけて発生した大地震により、1930年代の官庁建築は実用性と耐震性を求めた現代的な建築へと変わり始めていました。1936年に竣工した台南州会も頑丈な鉄筋コンクリート造で、ファサードに複雑な装飾は見られず、タイルと洗い出し壁のみで壁面や窓周りを装飾しています。一階の外壁は帯のような洗い出し壁が水平に伸び、二〜三階のタイル張りと素材が異なるため、一階部分がまるで建物の大きな礎石のようにも見えます。間隔の異なる胴蛇腹（帯状の装飾）からもわかるように、議場として使用されていた三階は二階より天井が高く、吹き抜け構造になっています。屋根は頂点の棟から四方に傾斜面を持つ寄棟造り。軒下に並んだ牛の目窓（丸窓）が特徴的です。

▲かつての台南州会（台南市中西区図書館の展示より）

▲投票する議員（台南市中西区図書館の展示より）

　　戦後、直接選挙による台南市議会が1950年に旧台南州会で発足。1965年には旧建築の北側に六階建ての「台南市議会ビル」が増築されました。高さのある騎楼(チーロウ)（道路に面した一階の壁を後退させ、通行できるようにした半屋外空間）や、二階に直通した正面階段などは堂々とした趣があり、当時の審美感に基づいたモダニズム建築でした。市議会が安平(アンピン)区に移転後、「台南市撮影会館」と「台南市議政史料館」が入居していましたが、2004年に台南市指定の史跡となり、2018年より修復工事が開始されました。修復工事は旧台南州会の当初の姿を再現することを主旨とし、後から増築された台南市議会ビルは取り壊されました。

三章　民心と仁医　台南市二二八紀念館暨中西区図書館

二二八事件の記憶を伝える場として

　時はさかのぼって1947年2月、台北で「二二八事件[*]」が勃発。台南でも「二二八処理委員会台南市分会」が立ち上げられ、当時参議会(戦後に設立された台南市議会の前身)議員だった湯德章(タンデージャン)氏は、治安の責任者として地域の秩序の維持に当たりました。事件は間もなく台南にも波及し、翌月には国民政府軍が台南市参議会(即ち旧台南州会)に乗り込み、大勢の議員と傍聴していた市民を連行。湯氏は拷問を受けた後、現在の湯德章紀念公園で公開銃殺されました。彼は二二八事件の多くの受難者の一人であり、「湯德章旧居」などゆかりのある場所では、今でも人権を守るために犠牲となった先人を偲ぶイベントが毎年行われています。

　　＊ 1947年2月28日に発生した反政府運動とその後の厳しい弾圧。中国本土からやって来た国民政府の腐敗や不公正に対する台湾住民の不満が噴出し、多数の犠牲者が出た。

　2022年に修復を完了した旧台南州会は、一階を二二八紀念館とし、「正義と勇気」と題した常設展では、関連書物や判決書などの史料、犠牲者家族のインタビュー記録などを展示しています。民意を代表する議会で起きた痛ましい事件。紀念館を歴史の現場に設置したことには大きな意義があると言えます。

▲常設展「対価のない自由などない」

▼増築後の台南市議会
(台南市中西区図書館の展示より)

▲連絡橋は現在は展示スペースに

三章 民心と仁医 台南市二二八紀念館暨中西区図書館

▲広々とした議場は閲覧エリアに

▲閲覧室に残された議員の名札

▲議員席の抽き出しの中には
電子化された投票ボタン

　二階と三階の中西区図書館は、子ども向けコーナー、シニア向けコーナー、青少年コーナーなどがあり、視聴覚室と討論室には議会当時に使用されていた家具が置かれています。また、二階の常設展「新光栄：老相館、営業中」では、実際に営業していた写真館の内部を忠実に再現し、用意された変装アイテムを使って変身写真を撮ることもできます。

　市議会ビルが増築された時から閉鎖されていた連絡橋も、建物の歴史を紹介する展示スペースとして開放され、まるで時の回廊のように、台南州会から市議会の所有となり、増築を経て議政史料館となるまでの変遷をたどることができます。当時の議場は開架閲覧エリアとなり、1965年に高くしたトラス構造と屋根が当時のまま残されています。また、議会で使用されていた議員席がいくつか置かれていて、抽き出しを開けると1965年の改築時に設置された議決ボタンがありました。このほかにも、壁には議員の名札が並んだボードが残されており、今も現役で活躍している政治家の名前も見られます。

地域社会の発展を左右する民主的なプロセスが、ここで遂行されていたのだと思うと、自然と畏敬の念が込み上げてきます。民主と自由を手にした台湾では、誰もが手の中の一票で未来を決めることができます。そして有権者を代表する議員と議会もまた、その神聖なる使命を背負っています。厳粛な議会から、人々が自由に出入りできる読書の場へ。その転身は、知識のさらなる広がりを象徴するとともに、建物の変遷と民主主義の発展の記憶を留めることにもつながっています。

▼閲覧スペースも広々とした台南市中西区図書館

▲二階の常設展は古い写真館がテーマ

建物の歩み

年	主な出来事
1916	森山松之助が「台南州庁」の建設を手がける
1935	「台南州庁」着工
1936	4月「台南州庁」竣工、 11月に第一期台南州会議員選挙を実施
1946	台南州会に「台南参議会」設置
1947	二二八事件が台南に波及
1950	「台南市議会」設置
1965	「台南市議会ビル」増築
1998	台南市議会が安平に移転、旧建築に「撮影文化会館」が入居
2003	「撮影文化会館」を「台南市議政史料館」に
2004	「台南市議政史料館」が台南市指定史跡に
2018	建築の修復開始
2022	「台南市二二八紀念館暨台南市中西区図書館」開幕

台南市二二八紀念館暨中西区図書館
台南市中西区中正路3号
TEL：06-225-3933
開館時間：[火～土]08:30～20:30 [日]08:30～17:30
休日：月曜、祝日、毎月最終金曜

神廟の伝説が伝わる築百年のカフェ
保生堂漢方珈琲館
旧 保生堂中医行

三章　民心と仁医　保生堂漢方珈琲館

台湾では誰もが知る「一府、二鹿、三艋舺」。その昔、台湾で繁栄を極めた三つの港町を表現したもので(「府」は現在の台南、「鹿」は彰化県の鹿港市、「艋舺」は台北市の万華)、実はこれに「四笨」を加えたバージョンがあります。「笨」は「笨港」の旧地名を持つ「北港」(雲林県)。漢民族によって最も早く開墾が行われた地域の一つであり、活発な貿易が町に経済の発展をもたらしました。さらに北港には大小の廟が集まっており、数百年前から続く伝統的な祭祀が、この小さな町に濃厚な宗教的色彩を添えています。

廟の前に伸びる老街(昔ながらの古い通り)には、参拝客向けのお香や蝋燭、ごま油や菓子、神像の彫像工芸、漢方薬などの店が並び、ともに共存共栄の歳月を築いてきました。そしてこの通りのある漢方薬店がコーヒーショップにリノベーションされると、お香やごま油などさまざまな香りに加え、新たにコーヒーの香りが添えられることに。実はこのコーヒーショップの入る古い建物には、なんとも不思議な物語が隠されていました。

▲中央が
保生堂漢方珈琲館

家の中に武財神？ 不思議な言い伝えの数々

　北港の中山路に鎮座する「朝天宮」は、清朝康熙年間（1661〜1722）に建立されてから三百年以上の歴史を持ち、今では敷地面積が千坪を超える壮麗な廟です。北港の町は朝天宮を中心に発展し、廟の前の「宮口通り」（戦後「中山路」に改名）は、当時の「北港八街」の一つとされた北港の主要な道路でした。日本統治時代、北港では二度にわたる都市計画で宮口通りは拡張され、道路の両側には「街屋」（道路に面した商店兼住宅）がずらりと建ち並びました。現在の中山路に建つ街屋は、ほとんどが二度目の都市計画の際に建てられたものです。こうした街屋は、騎楼（道路に面した一階の壁を後退させ、通行できるようにした半屋外空間）のある鉄筋コンクリート建築が多く、二階には床までの窓と小さなベランダがついています。立面はシンプルな洗い出し壁で統一され、ベランダの欄干、騎楼の柱の上部などに装飾が施されています。

一〇五　三章　民心と仁医　保生堂漢方珈琲館

▶入り口上の扁額には屋号と開業年が記されている

　私たちが訪れた「保生堂漢方珈琲館」も外観はいたって簡素ですが、二階の窓枠にはめ込まれた格子には斜線で変化が付けられ、躍動感を生んでいます。代々漢方医の家庭に生まれた陳茂霖(チェンマオリン)さんは、1955年にこの建物を購入した後、1957年に「保生堂中医行」(漢方医)を開業し、地元では名の知れた名医でした。実はこの古めかしい建物、これまで不思議な出来事がたびたび起こったといいます。その昔、この家の子どもが、真夜中に家の中を歩き回る体の大きな武将を見たというのです。陳さんもまた不思議な体験をしています。1963年に妻が突然倒れ、どうしても病因を突き止めることができなかったため、「池府千歳」(チーフーチェンスェイ)(道教の神)に尋ね、そのお告げどおり家の「内神」を祀ったところ、妻の病は不思議と治ってしまったということです。数年後、その「内神」が武財神の趙公明(ジャオゴンミン)(同じく道教の神)であることがわかり、陳さんは金の彫像を彫らせ、1970年には家の中に武徳宮を開いて武財神を祀りました。その後、武徳宮は1980年に現在の場所に移転。2018年には陳さんの孫が「保生堂」の名を残し、ここにカフェをオープンさせ今に至ります。

漢方店の内装を
そのまま利用したカフェに

　築約百年のカフェの外観は、ほぼ当時のまま手を入れておらず、店外に「手沖茶」(ハンドドリップティー)、「義式珈琲」(エスプレッソ)と書かれた大きな提灯が吊されていなければ、大勢の参拝客が行き交うなかで思わず見過ごしてしまいそうです。店内には漢方薬店になら必ずあるカウンターと、「百子櫃」と呼ばれる抽き出しの並んだ木製の棚が当時のまま残されており、抽き出しに彫られた生薬の名前も、今ではぼやけて読み取れません。反対側の木棚には、かつて生薬を入れていた鉄の缶や箱がずらりと並び、コーヒー豆の入った新しい缶も違和感なく収まっています。細長い店内を奥へ進むと、中ほどに急な階段があります。その階段裏の小さなスペースに置かれた一人掛けソファーが、レトロな店内のアクセントとなり、来店客に人気の撮影スポットとなっています。

一〇七　三章　民心と仁医　保生堂漢方珈琲館

一〇九　三章　民心と仁医　保生堂漢方珈琲館

三章　民心と仁医　保生堂漢方珈琲館

　さらに奥へ進むと、セメントの床から赤い六角形タイルの床に変わります。この種のタイルは廟の床に使われることが多いのですが、その理由がわかりました。そこはかつて武徳宮の祭壇が設けられていた場所だったのです。今はガラスで囲われ、壁には大きな「財」の字が見えます。まさに男の子が武財神を目撃し、陳さんの妻が倒れた場所でもありました。

　このように、道教は保生堂漢方珈琲館の重要な要素を占めています。訪れた日は店員から保生堂にまつわる伝説をいくつも聞き、彼らの敬虔な信仰心と、彼らが信仰から力を得ていることを強く感じました。かといって訪れる客に信仰を強いることはなく、カジュアルで心地のよい会話と雰囲気が印象的でした。

建物の歩み

年	主な出来事
1694	北港朝天宮創建
1913	北港街第一回市区改正（都市計画）
1939	北港街第二回市区改正、「宮口通り」拡張、両側に洋風建築を建造
1955	陳茂霖さんが中山路の住居兼店舗を購入
1957	「保生堂」開業
1970	保生堂内に武徳宮の祭壇を設ける
1980	武徳宮移転、店舗を徳元中薬行（漢方薬店）に賃貸
2018	武徳宮発祥の地である保生堂で「保生堂漢方珈琲館」オープン

保生堂漢方珈琲館
雲林県北港鎮中山路61号
TEL：05-783-3827
営業時間：[月、火、木]11:00〜19:00 [金、土]10:00〜20:00 [日曜]10:00〜19:00
休日：水曜

ベランダに風の吹き抜ける名医の旧居
霧峰民生故事館
旧 林鵬飛医師故居暨民生診所

　設立百周年を迎えた台中市の霧峰区農会（農協）は、傘下の酒蔵「霧峰酒荘」が特に有名であり、優れた商品を数多く生み出しています。酒蔵のかたわらには「阿飛仙」の尊称で親しまれた故林鵬飛医師の旧居があり、これを後に農会が買い取り、「霧峰民生故事館」として再生させました。

戦火を生き延びた名医「阿飛仙」の物語

1920年（大正九年）、「阿飛仙」こと林鵬飛医師は霧峰庄（現在の霧峰区万豊里）の万斗六で生まれ、霧峰林家（台湾五大豪族の一つ）とは同じ祖先を持ちます。台北帝国大学附属医学専門部から卒業後、台中病院で外科医を務め、第二次世界大戦中は高雄左営海兵団へ軍医として配属。米軍による高雄大空襲を生き延び、戦後は故郷の万斗六へ戻り、翌年の1946年に「民生診所」（診療所）を開業しました。

その四年後、診療所を街なかの六股へ移し、昼間は診療所で診察しながら、早朝や昼には医療資源の乏しい山間部へ自転車やバイクで向かい、重病患者や体の不自由な村人のために診療を行いました。医療費が払えない患者は帳簿に記録し後払いとしていましたが、その帳簿も毎年の年越しには燃やして処分したそうです。多くの貧困家庭に寄り添ってきた林医師は、丁寧な診察と的確な診断により霧峰の人々に敬われ、今でも多くの患者に感謝され続けています。

1954年、林医師は現在の「霧峰民生故事館」の場所に土地を購入し、五年後に二階建ての診療所兼住宅を建てました。外壁は薄黄色のモザイクタイルに覆われ、ベランダを支える洗い出しの円柱を除けば、直線と直角からなるブロックを組み合わせた造りです。肺疾患を患ったことがあったためか、建物にはたくさんの窓が設けられ、採光も通風も良好。しかし1980年代、目の前の中正路の二度にわたる拡張により、診療所の大部分の空間が取り壊されてしまったため、新たな壁と窓を作り直し、建物の裏側に診察室を増築したのでした。

▲民生診所の旧観（民生故事館「阿飛仙」の展示より）

再生した診療所は
地域の文化的・歴史的スポットに

　霧峰農会と診療所の出会いは、2007年の「霧峰酒荘」の開業にさかのぼります。当時、酒蔵に駐車場が必要だったため、農会は林家から旧診療所前の空き地と、用途は未定だったものの診療所の建物も借りることになりました。その後、旧診療所は亜洲大学の「霧峰学*」の学習拠点として提供され、「林医師と民生診所」をテーマに、講師と数百名の学生によって多くのフィールドワークや資料収集が行われました。その中で空間の再利用についても議論され、後の「民生故事館」の設立に繋がっていきます。

＊「霧峰学」は亜洲大学（台中霧峰区）の一般教養課程の一つ。霧峰での活動と学習を通じて地元との交流と関わりを深め、地域の意識向上と市民活動の促進を目指す。

一二五　三章　民心と仁医　霧峰民生故事館

　駐車場のみを利用していた霧峰農会ですが、2014年には旧診療所と土地を林家から買収。診療所の建物はそのまま保存され、亜洲大学の再利用構想も取り入れ、二年あまりの修復を経て、2017年に農会の広報やマーケティングの拠点も兼ねた「霧峰民生故事館」に生まれ変わりました。

▲道路拡張後に大木と診療所の一部を撤去
(Googleストリートビュー2009年11月)

▲関係者の記憶に基づき再現された診察室

一一九　三章　民心と仁医　霧峰民生故事館

　再び開放された旧診療所は、剥がれつつあった外壁のタイルを取り外し、白い防水ペンキに塗り替えられ、より明るくすっきりした印象です。内部の間取りはできるだけ変えず、テラゾー（人造大理石）の床と階段も当時のまま。一階は林医師の生涯を紹介した展示エリアになっており、道路の拡張で取り壊された診療室も忠実に再現されています。当時の薬剤師や患者の記憶を頼りに、水銀

の血圧計、顕微鏡、ガラスの薬瓶、注射器などの古い医療器材が当時の位置に置かれ、林医師がほんの少しの間、席を外した瞬間を切り取ったかのようです。古いソファーの置かれたリビングには、レトロな手回し蓄音機とシェラックレコードがありました。無口だった林医師が妻と初めてのデートの時に、共通の趣味が音楽だったことがわかり、互いに好印象を残したというエピソードがあります。蓄音機とレコードは夫婦の愛を記念したものなのでしょう。

　二階の常設展「神靖丸記念展」では、太平洋戦争勃発時の1945年、大勢の台湾医療関係者を乗せた戦艦が、サイゴン沖で米軍に撃沈された事件を紹介しています。この船に乗っていた鄭子昌（ジェンヅーチャン）医師の息子であり、同じく医者の陳宏銘（チェンホンミン）さんは、父親の記憶をブログ「神靖丸部落格」で長年にわたって綴ってきました。そして神靖丸の資料を集める中で、林医師が父親と台北帝国大学で同期だったことを知り、2008年に林医師と対面。その二年後、林医師は逝去しました。そのご縁から「霧峰民生故事館」に常設展が設置されることになり、犠牲者の生前の手紙、映像、子孫のインタビュー記録などが展示されています。

110

道路の拡張を受けて裏に増築された診察スペースは、「黒翅鳶麵食館」(ヘイチーユェンミェンシューグァン)としてリノベーションされ、自然農法で栽培された米や野菜を使った料理を提供しています。ちなみに「黒翅鳶」とはカタクロトビのこと。畑を荒らすネズミを捕食するため、農民にとっては強い味方であり、自然の循環を利用した自然農法を支えています。

展示を見終えた私たちは、地域の農産業を支えて来た霧峰農会が、歴史と文化を伝える「民生故事館」を再生させたその心意気に深く敬服しました。人々の敬愛の念や追憶の涙を形に残し、同時に学術機関、地域社会、所有者の三者が心を一つに取り組んだ、素晴らしい事例といえるでしょう。

建物の歩み

年	主な出来事
1920	林鵬飛医師、霧峰庄万斗六(現霧峰区万豊里)に生まれる
1937	台北帝国大学附属医学専門部に合格
1942	荘金釵さんと結婚、彰化基督医院、台南新楼医院に勤務
1946	故郷の霧峰万斗六で民生診所を開業
1949	診療所を六股街に移転
1954	中正路に土地を購入(現民生故事館の所在地)、翌年民生診療所兼住宅着工
1959	中正路の民生診所竣工(現民生故事館)
1980年代	中正路の二度の拡張にともない、診察室の五分の三の面積を撤去
1990	林医師の引退により診療所閉院
2007	霧峰農会の酒蔵「霧峰酒荘」が開幕、旧診療所と空き地を貸借
2010	林医師逝去、亜洲大学の講師と学生が旧診療所の再生計画に取り組む
2014	霧峰農会が旧診療所と土地を購入、修復
2017	霧峰民生故事館オープン

霧峰民生故事館
https://www.twwfstory.com.tw/
台中市霧峰区中正路369号　TEL：04-2339-1556
営業時間：9:00〜17:00　休日：月曜

幾何学模様の格子がモダンなスイーツ店
桃城豆花
（タオ　チェン　ドウ　ファー）
旧 徳山医院

▲建築の外観にほとんど影響を与えないシンプルな「桃城豆花」の看板

三章　民心と仁医　桃城豆花

　台湾のレトロ建築といえば、まず台南を思い浮かべる人も多いでしょう。しかし、実は嘉義市にも台南に勝るとも劣らないほどの古い建築が残っているのです。日本統治時代、阿里山の森林業や製糖業の発展にともなう鉄道輸送の需要から、嘉義市は重要な中核都市となりました。さらに幾度にもわたる都市計画により町が整備されると、多くの労働者が流入し、医療施設も次々と設立されました。当時の嘉義市は台湾で最も医療機関が集中していた場所で、市の中心地だけでも百軒近くの診療所があり、「医者町健康地」と呼ばれるほどでした。現在も光彩街、共和路、延平街、文化路の一帯には、日本統治時代の古い診療所が数多く残っています。

　これらの旧診療所の多くは、人の目を奪うような外観をしているほか、内部も机や椅子を多く配置できるように広々としています。さらに医師も地域の名士であったため、建物そのものに物語性があり、リノベーションする物件を探している人々に旧診療所の建物が選ばれることも珍しくありません。最近では、嘉義の豆花（豆乳を凝固剤で固めた伝統スイーツ）の老舗「桃城豆花」が入居した「徳山医院」がその一例です。

日よけ用のコンクリート格子が斬新なファサード

　徳山医院は台南白河出身の蘇祈財医師によって創立されました。蘇医師は1909年（明治四十二年）生まれ。日本で医師免許を取得し、帰国後に「台湾総督府嘉義病院」で外科医として勤務した後、1953年に嘉義市の光華路に徳山医院を開業しました。蘇医師の娘の記憶によれば、現在の旧診療所は当初は家族の住居であり、診療所はその隣の一階建ての建物に入っていました。そして1965年ごろ、建築士だった蘇医師の甥が、一家の住居を現在の二階建ての建物に改築したということです。

▲徳山医院の当時の厨房

▲モダンなデザインの階段

▲徳山医院の建設当時、足場には竹が使われていた

▲徳山医院の旧観

(提供:蘇医師のご家族)

二階のファサードには、日よけ用のコンクリート格子が等間隔に配され、互い違いに入った短冊状の装飾が全体に躍動感を与えています。また、一階の広い間口には視覚を遮る柱がないため、騎楼（チーロウ）(道路に面した一階の壁を後退させ、通行できるようにした半屋外空間)の空間が特に広々としています。屋内に入ると、まずどの診療所にもある受付と薬局のカウンターがあり、左手の診察室の窓の外にも一面の縦格子が並んでいます。右手のドアの向こうは、蘇医師一家のプライベート空間に続いており、一階後方には食堂や台所、裏庭には木造小屋があり、二階は居間と部屋でした。建物内外の至る所に柱や格子などの直線的な装飾が施され、その斬新で目を引くデザインは、現代にも通じる独創的で洗練されたセンスを感じさせます。

▲格子に囲まれた屋内の階段。
建物全体のデザインコンセプトでもある

▲外壁のデザインと呼応した格子状の間仕切り

一二五　三章　民心と仁医　桃城豆花

▶受付台は注文を準備するカウンターに

日本でも人気の豆花スイーツのお店に再生

蘇医師は1989年にアメリカに移民するまでここで暮らし、建物は2021年に桃城豆花の二号店が入居するまでは空き家のままでした。桃城豆花は嘉義で人気の豆花スイーツ店。「桃城」は嘉義の古い名称にちなんだものです。桃城豆花の二代目オーナーは、この裏庭付きの古い建築を気に入り、四カ月もの時間をかけて修復した後、二号店をオープンさせました。

ファサードの修復には、嘉義市が提供するリノベーション向け補助制度を利用したほか、古い建材を調達し、損傷の激しかった木製の窓枠やドア枠を復元。また、経年劣化によるひび割れたコンクリート格子も型を取り直し

て修復し、ベランダの洗い出し仕上げの欄干、門柱のモザイクタイルなども可能な限り元来の工法で修復したということです。裏庭の木造小屋は保存状況が悪かったため取り壊し、屋外のテラス席に。撤去後に残った柱や梁は、店舗入り口の空席待ち用のベンチに再利用されていました。テラゾー（人造大理石）の受付カウンターは注文カウンター、その裏の蘇医師の休憩室だったスペースは厨房にそれぞれ生まれ変わり、客席まで食事を運ぶ動線もスムーズです。

▲仕切り壁を取り払った二階は広々とした空間

一二九　三章　民心と仁医　桃城豆花

▲格子に透明材質の板を取り付け、安全性と見た目の美しさを両立させている

仕切り壁をすべて取り払った二階は、かつて使われていた品々を残し、当時のままの床や壁が一家の当時の日常を偲ばせます。中でも私たちが特に気に入ったのは階段周りの格子状のデザインを施した壁。建物外壁のコンクリート格子と響き合い、内外を調和させた美しさがあり、訪れる人々が記念の一枚を撮る人気の場所です。

　三十年以上も閉ざされてきた德山医院の扉は、桃城豆花の入居により再び開かれました。迎えるのは病気に苦しむ患者ではなく、昔ながらの豆花が目当てのお客さんです。若手オーナーが引き継いだのは、嘉義の老舗豆花の看板だけではなく、德山医院の歴史と記憶をも携え、建物とともに次への一歩を踏み出したのでした。

▼古いレンガ壁を利用して空間のアクセントに

▲二階の小さな客席スペース

建物の歩み

年	主な出来事
1909	蘇祈財医師、台南白河に生まれる
1953	徳山医院開業（現建築の隣の建物）
1965	徳山医院が現所在地に改築
1989	蘇医師がアメリカに移民
2021	桃城豆花二号店が旧徳山医院にオープン

桃城豆花
嘉義市東区光華路65号
TEL：05-228-7789
営業時間：9:00～22:00
休日：水曜

四章 時代の変遷を俯瞰

アールデコ調の装飾に彩られた映画の殿堂
新竹市影像博物館
（シンジューシーインシャンボーウーグァン）
——或者光盒子
（フォジェグァンハーズ）
旧 有楽館

四章　時代の変遷を俯瞰　新竹市影像博物館―或者光盒子

▲旧映画館の裏には活気に満ちた東門市場

▲有楽館の外観
（或者光盒子の展示より）

　誰もが少なくとも一台以上のモバイル端末を持つ今日、人々はネットを通じていつでもどこでも動画を鑑賞することができるようになりました。さまざまな番組や映画、さらにオウンドメディアによる無数の動画が観る者の心を捉え、娯楽メディアは新たな転換点を迎えていると言われます。人々の視覚的な娯楽形態は、舞台から映画、テレビ、そして場所の制限を受けないネット動画へと、モバイル端末の出現により大きく変わってきています。

　1930年代に台湾でも普及し始めた映画は、人々のレクリエーションの一つとなりました。素早く切り替わる映像が視覚的な残像によって動画となり、映写機から真っ暗闇の中の銀幕に映し出される。そして弁士（無声映画などで映画の進行を解説する人）による説明や映像の音声に耳を傾け、時代を超えた物語や光景と出会う――当時の人々にとって、それはとても新鮮な体験であり、映画は大きな人気を博しました。

日本統治時代の富裕層向け映画館
戦後は「国民大戯院」に

　新竹（シンジュー）は日本統治時代の1930年に市に昇格すると、都市化にともない娯楽産業が発展し、映画館が次々と開業しました。当時の新竹市は世帯ごとに徴収していた「戸税」を引き上げ、一流の設備を備えた洋風の映画館「有楽館」を建設。ますます高まる映画鑑賞への需要に応えました。

有楽館は1933年（昭和八年）に建設され、1914年（大正三年）に開幕した「新竹座」よりもずいぶん後にできた映画館ですが、設備、外観、内装、建築のすべてが新竹座を上回る豪華なものでした。有楽館は二階建ての建築で、敷地面積は120坪。車寄せポーチを構えたアールデコ様式の鉄筋コンクリート造で、シンメトリーの幾何学的なデザインが印象的です。二階のファサードは螺旋模様の柱が中央に入った窓が三つ並び、窓を挟んだ両側には、タイルをはめ込んだ長方形の装飾壁があります。全体的に洗い出しとタイルで構成された平坦な立面ですが、すべての開口部とポーチ頂部に施された草花や巻き草模様のコーニス（軒や壁の頂部の水平帯）が、立体的なアクセントを付けています。また、ところどころに配されたアラベスク風のタイルが建物に異国情緒を添えています。

▼公営の施設とは思えないほど精巧で華やかな装飾が施されたポーチ

▲変化に富んだパターンのタイルをあしらった柱

▲建物の縁周りには
草花や巻き草の装飾

　有楽館は新竹初の公営映画館として、RCA製の映写機やJVC製のスピーカーなど最高水準の設備が導入され、当時は日本人や富裕層向けの高級娯楽施設でした。座席数は一階の372席と二階の105席、そして84人分の座敷席と合わせた561席。建物の屋上には六つの換気塔が設置され、館内の通気性を高めるための装置が備えられていました。

　第二次世界大戦中、有楽館は米軍の爆撃を受けたものの、外観はさほど損傷を受けずに済みました。戦後に修復を経て「国民大戲院(劇場)」として生まれ変わり、座席数も700席あまりに増加しました。しかし、その他多くの映画館と同様、有楽館もまたテレビやビデオの登場を受けて運営が行き詰まり、1991年にとうとう営業停止に追い込まれてしまいます。

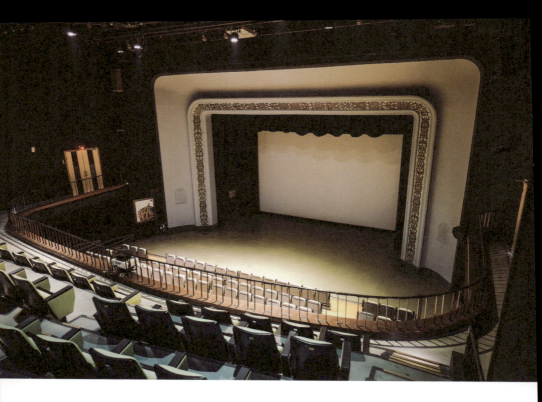

映画文化の豊かさを伝える
「影像博物館」としての新たな始まり

　旧有楽館は映画館として六十年の歳月を歩み、一度は幕を下ろしたものの、そのわずか数年後に再生を果たすことになります。きっかけは1996年に新竹市が国民大戯院(旧有楽館)で開催した展覧、映画鑑賞、舞台劇などのイベントでした。この歴史的建築に対する人々の懐かしさがかき立てられたのです。こうして新竹市と市議会の支持のもと、国民大戯院の修復・再利用が決まり、2000年、旧有楽館は国民大戯院の歴史と文化を伝える「影像博物館」として生まれ変わることになりました。

旧映画館内の座席エリアは、勾配の付いた床を水平にし、座席も電動収納式に改め、多目的に使用できるようにしました。建物の裏に新たに建てられた四階建ての新館では、映画館時代の資料を展示するほか、国内外500本以上の映画コレクションを収蔵し、不定期にテーマを組んで映画祭を開催しています。2022年、影像博物館の一層の活用を目的に、新竹市は地元の芸術文化団体「鴻梅文創」に運営を委託し、「或者光盒子」*のブランドで書店や飲食店が入りました。新館一階には文学や撮影、音楽、歴史、飲食などに関する書籍を中心に扱う書店「光盒子書店」、および有楽館の歴史や台湾の映画発展史について紹介した常設展「電影有楽櫃」があります。新館二階の飲食店「光盒子BISTRO」では、名作映画をオマージュしたメニューを不定期に提供しており、映画ファンにはたまらないサービスです。

＊「或者」は鴻梅文創傘下の文化的美学をテーマとしたブランド。新竹各地で書店、カフェ、レストラン、宿泊施設などを展開し、建物のリノベーションを数多く手がける。

映像関連の書籍の品ぞろえが豊富な「光点子書店」

一四四

▼二階に続く
テラゾーの階段は
戦火を免れた

一四五　四章　時代の変遷を俯瞰　新竹市影像博物館─或者光盒子

▲「光盒子BISTRO」では
名作映画をオマージュした
メニューを提供

一四六

一四七　四章　時代の変遷を俯瞰　新竹市影像博物館・或者光盒子

有楽館から国民大戯院、そして後の影像博物館、「或者光盒子」まで、共通点は映画の上映です。しかし、提供されるコンテンツやサービスはその時代ごとに変化しており、この古い建築が持つ粘り強さのようなものを感じさせます。運営に起伏はあったものの、ほぼ中断なく利用され続けた有楽館は、リノベーションされた建物としては珍しい事例と言えるでしょう。

▲古い建物をリノベーションした「或者」ブランドの宿泊施設、
▼工芸品店

建物の歩み

年	主な出来事
1933	新竹市営有楽館開幕
1946	国民大戯院に改称
1981	新竹県と新竹市が分離し、国民大戯院は省轄市に昇格した新竹市が運営
1991	国民大戯院営業中止
1996	全国文化芸術フェスティバル、国民大戯院でイベント「風城情波」を開催
1998	「国民大戯院における影像博物館設置及び再生利用計画」が進められ、翌年に改修工事着工
2000	「新竹市立影像博物館」竣工
2004	「新竹市影像博物館」に改称
2010	新竹市歴史建築に登録
2022	「鴻梅文創」の「或者光盒子」に運営を委託

新竹市影像博物館
https://www.facebook.com/ImageMuseumofHsinchuCity/
新竹市東区中正路65号　TEL：03-528-5840
営業時間：[火〜木]9:00〜17:00 [金〜日]9:00〜21:00
休日：月曜、祝祭日、選挙期間中

森の中の小学校がレストランとして復活
大山北月景観餐庁
旧 大山背分教場

　新竹県横山郷豊郷村は、その地域で最も標高の高い山——大旗棟山の風下側に位置するため、その昔「大山背」と呼ばれていました（山の「風下側」は中国語で「背風面」という）。元は先住民が生活していた地域でしたが、清の時代に中国から渡ってきた客家の移民が開墾を進め、漢民族の村が形成されていったという歴史を持ちます。主な作物は水稲、茶葉、樟脳、カラムシなどで、戦後は樹木の伐採も行われましたが、林業が衰退すると、今度は柑橘類の栽培を発展させました。「娘を大山背に嫁がせるな」という客家の諺があるように、大山背は険しい道のりが続く山奥にありますが、そんな僻地にもかつて小学校がありました。

国宝級の漫画家が描いた郷土の風景

▲日本統治時代の豊郷国民学校大山背分校
（提供：大山北月）

▲戦後、石段に座り屋外学習をする小学生
（提供：大山北月）

　この豊郷村に「横山公学校」の分校である「大山背分教場」が設立されたのは、1923年（大正十二年）のことでした。その後、1943年（昭和十八年）に「豊郷国民学校」に昇格し、戦後は「豊郷国民小学」に改称。山あいで生活する子どもたちにも基礎教育を受けさせようと、当時の大山背（豊郷村）の村長が、周辺の三つの村の中心地点に学校をつくることを提案したのが最初でした。

　大山背分校は、木造平屋建ての教室と運動場だけの簡素なものでしたが、貧しい子どもたちにとっては教育を受けられる唯一の場でした。この学校に通っていた最も有名な人物と言えば、国宝級の漫画家、劉興欽さん（1934年生まれ）でしょう。学校に通っていた当時、彼が牛の放牧で学校に行けないと、校長が代わりに牛の世話をしてくれたというエピソードがあり、漫画『放牛校長與阿欽』（牛の放牧をする校長と欽ちゃん）にも描かれています。劉興欽さんの多くの作品には、大山背に今も残る建築や景色を見ることができ、彼にとって幼少期の想い出の詰まった場所であったことがうかがえます。

◀豊郷国民小学の授業の様子
（提供：大山北月）

元々住民の少なかった大山背ですが、麓(ふもと)の町で商工業が発展するのにともない、村を出て行く人がさらに増え、人口の流出が加速。このため、豊郷国民小学も1983年に廃校となり、子どもたちの声が響き渡っていた校庭も静まり返ってしまいました。転機は2004年、行政院(内閣に相当)客家委員会が地域と協力し、校舎を二年がかりで修復して「大山背客家人文生態館」にリノベーションしたことでした。一階は新竹や苗栗(ミャオリー)の客家の歴史や文化、シダ類の生態を紹介した展示スペースとし、旧校舎屋上の片側半分にウッドデッキと雨除けを設け、大自然を一望できる展望台にしました。その後、運営者が何度か変わり、ついには運営を引き継ぐ者が見つからないという事態に陥りますが、2014年、二人の若者によって、豊郷小学校の旧校舎は「大山北月」の名称で再スタートを切ることになりました。

大自然に囲まれた教室で地元の農産物と文化について学ぶ

豊郷村の旧名である大山背の「背」の字を分解すると、「北月」になります。荘凱詠(ジュアンカイヨン)さんと呉宜静(ウーイージン)さんは、旧豊郷国民小学を「大山北月」と名付け、これまでの客家人文生態館から景色を楽しめるレストランに方針を切り替えました。「復元」された教室に入ると、前方には大きな黒板があり、小学校の教室にあるような机と椅子が並んでいます。教科書のように見えるのは実は料理を紹介した冊子で、メニューはまるで試験用紙。オーナーの粋な演出に、不惑の年代に差しかかった私たちも、小学生の頃に戻ったかのような懐かしさを覚えたものです。レストランで出されるのは、新竹に分布する五つの客家集落の特色ある料理です。例えば関西の仙草冷麺、蛾眉(アーメイ)の東方美人茶、横山(ヘンシャン)の窯焼きパン、竹東(ジュードン)の手作り餅、そして北埔(ブー)の擂茶(レイチャ)(客家の伝統的な穀物茶)など、ここに来れば新竹の客家料理を制覇できてしまいそうです。

一五一　四章　時代の変遷を俯瞰　大山北月景観餐庁

一五四

▲大山背地域の特産品の柑橘類を紹介する「教室」

　もう一つの「教室」は、各種柑橘類の生態を紹介する「大山背柑橘菓室」。大山背は日当たりが良く、山々が風を遮ってくれるため、実は柑橘類の栽培にとても適した地域なのです。各品種の外観や食感、栽培環境、加工品などを紹介するほか、不定期に柑橘産業と大山背の発展をテーマにしたガイドツアーも行っており、展示とイベントを組み合わせることで、地元の農産品のPRにも貢献しています。

二階のウッドデッキからは竹東平原を一望することができ、青空と鬱そうと茂る緑がどこまでも広がります。日差しや雲の影を映した山々が、絵の具では出せない大自然のグラデーションを織りなし、現代人の疲れた体と心を癒してくれます。また、ここはキャンピングスペースとしても利用でき、光害のない山あいで満天の星が輝く夜空を楽しむことができます。

風光明媚な景色とグルメに誘われ、今では大勢の観光客が訪れる場所となった大山北月。旧豊郷国民小学は

もうありませんが、この一帯の豊かな自然環境や文化施設が、今もなお教育の理念を受け継いでいます。学校創立からちょうど百年を迎え、まさにもう一つの「百年樹人」（教育は百年の計）を体現しているかのようです。

▲子ども心をくすぐる遊戯用のカラフルなマス目

建物の歩み

年	主な出来事
1923	1923年（大正十二年）4月1日 「横山公学校大山背分教場」設立
1943	大山背分教場が「豊郷国民学校」に昇格
1945	「豊郷国民小学」に改称
1983	「豊郷国民小学」廃校
2004	行政院客家委員会の補助のもと、旧校舎を「大山背客家人文生態館」に改築
2006	「大山背客家人文生態館」改築完了
2014	「大山北月」入居、現在に至る

大山北月景観餐庁
https://www.bighillnorthmoon.tw/
新竹県横山郷豊郷村大山背5鄰80号　TEL：03-593-6439
営業時間：10:30〜16:30
休日：月曜

一五七　四章　時代の変遷を俯瞰　大山北月景観餐庁

台湾初の化粧品工場の歴史を語り継ぐ

富興工廠1962
フー シン ゴン チャン

旧 盛香堂

2016年、国定史跡に指定された旧駅舎に代わり、大きなドーム型の屋根が特徴的な新台中駅が完成しました。旧線路で隔てられていた中区と東区がひと繋がりになると、駅周辺の史跡や歴史的建築のリノベーションが進み、台中(タイジョン)の旧市街は文化、歴史、観光を融合させた新たな輝きを放ち始めています。その旧駅舎の後方に、かつて化粧品の生産工場だった建物があります。半世紀もの間放置され、廃工場と化していましたが、とあるインテリアデザイン会社がその扉を再び開いています。

世代を超えて愛されるスキンケアブランドの拠点だった場所

台湾ローカルブランドのスキンケアクリーム「雪芙蘭滋養霜」は、耳にしたことがある、もしくは実際に使ったことがある人も多いでしょう。半世紀前に売り出されて以来、青のプラスチック容器が印象的なこの商品は、今でも多くの女性に愛用され続けています。このクリームを販売しているのは、台湾の老舗スキンケアブランド、盛香堂(シェンシャンタン)。創設者の許鉗(シューチェン)氏は、台湾や日本に西洋のファッションやヘアスタイルが広まり始めたころ、1931年(昭和六年)に「盛香齋(シェンシャンジャイ)」を立ち上げ、「林森美髪霜」(ヘアクリーム)を発売し、大ヒット商品となりました。戦後「盛香堂」に改め、1947年には台湾で初めて政府の認可を得た化粧品メーカーとなり、ロングセラーの「林森美髪霜」も商標登録された初めての商品となりました。

▲入り口に残る
「盛香堂」の文字

　1950年代、盛香堂は台中旧駅舎後方の東区に店舗とオフィスを構え、店の裏側には工場と許鉗氏の住居を建築。当時は日本とも技術提携し、シャンプーなどのヘアケア製品やスキンケア製品を開発、販売していました。三階建ての工場には貨物運搬用のリフトがあり、二階には材料出入庫のための大きな開口部があります。また、設備の移動がしやすいように、廊下は広々とし、水道管や電気配線も高い場所に設置されました。

　工場のほかにも住居と中庭があり、古い写真から築山や池、趣のある小さな花壇、そして防空壕などが確認できます。現在、住居は許氏家族が所有しているため、内部は確認できませんが、建物が面した通りや中庭から、その外観をうかがうことができます。

　盛香堂が1962年に南区へ移転した後、工場は六十年もの間放置されたままになっていました。しかし2021年、コワーキングスペースを物色していたあるインテリアデザイン会社が、この廃工場に有意義な活路を見いだしました。それが「富興工廠1962」です。

▲旧盛香堂の研究開発オフィスと実験机（提供：富興工廠1962、撮影：盛香堂）

▲富興工廠1962の路地側に盛香堂創設者の旧居の裏門がある

旧工場の歴史を再現しつつ
最先端のライフスタイルを提案

　インテリアデザイン会社「清筑設計（CC INTERIOR DESIGN）」の代表、許清皓さん（シューチンハオ）は「継光工務所」（台中中区）を訪れて以来、開放的な作業空間に魅せられ、いつか自分が設計を手がけるコワーキングスペースを運営したいと考えていました。そこでようやく見つけた理想の物件が、盛香堂の元工場でした。全棟借りが条件だったため、700坪を超える賃貸料は当初の予算の十倍を超える金額でしたが、開放的で採光性に優れた二階と中庭がどうしても諦めきれず、一棟まるまる借り上げることを決心。もちろん、借りたスペースが広くなれば、修復にかかるコストも増大します。このため、許さんは単純なコワーキングスペースではなく、複数の店舗が入居する、ライフスタイルをコンセプトとした施設に切り替えることにしました。

四章　時代の変遷を俯瞰　富興工廠1962

　入居するすべての店舗が決まり、富興工廠1962は満を持して2021年12月にオープン。フラワーショップ、ヘアサロン、撮影スタジオ、レコード店、タトゥースタジオ、金属細工、アンティークショップ、おもちゃ、カフェ、飲食店など多彩な店舗が入居し、許さんの念願だったコワーキングスペースも二階に開業。中庭にはウッドデッキが設けられていて、露天市や音楽イベントなどを開催できるようにしました。

　三階には盛香堂の歴史を紹介したスペースがあり、現在と過去の写真が数多く展示されています。また、盛香堂の研究開発室から運び出したという当時の実験机も展示物として置かれています。修復の際は盛香堂時代に残された大量の資料を参考にしており、随所に当時の名残を留め、建築に歴史の厚みを持たせています。

▶盛香堂の家族写真
（提供：富興工廠1962、撮影：盛香堂）

▲当時の盛香堂（提供：富興工廠1962、撮影：盛香堂）

▲海外メーカーが盛香堂を参観
（提供：富興工廠1962、撮影：盛香堂）

かつてトラックの出入口だったと
思われるスペースに
カフェ「Cuppa FS Café」が入居

▼原料搬入口の鉄の扉をコワーキングスペースのドアに再利用

四章 時代の変遷を俯瞰 富興工廠1962

「富興工廠1962」の名称にはさまざまな意味が含まれています。まず「1962」は盛香堂の工場が移転した年、そして「富興」は"豊富"な創意を通じて古い建物を"振興"させる」という意味で、旧工場が建つ路地名「復興」と同じ音を取りました。英語名の「Fusion」は融合を意味し、建物に入るさまざまなブランドがジャンルを超えて協力し合う、という理念を表しています。

▼二階のコワーキングスペース「創意方舟」

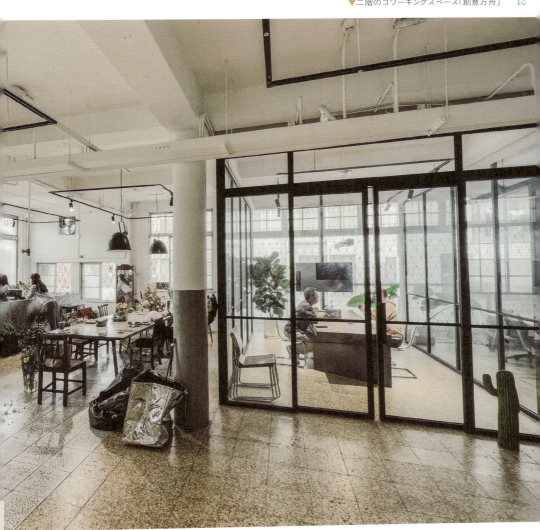

一六九　四章　時代の変遷を俯瞰　富興工廠1962

▲富興工廠1962の中庭

一七〇

▼三階のアンティークショップ

わずか数文字の名称に建築の歴史と理念を込めた「富興工廠1962」は、今では台中駅周辺の新たなスポットとして注目を集めています。近隣の台中駅鉄道文化園区とともに、史跡と歴史的建築という観光資源によって、今後も旧市街に新たな商機をもたらすことでしょう。

一七一　四章　時代の変遷を俯瞰　富興工廠1962

▲旧研究開発オフィスには金属細工とヘアサロンの「PureSoul Life」が入居

一七四

一七五　四章　時代の変遷を俯瞰　富興工廠1962

◀盛香堂の歩みを振り返る
「時光廊道」

建物の歩み

年	主な出来事
1913	盛香堂創設者の許鉗氏が生まれる
1931	「盛香齋」創立、「林森美髪霜」やクリームなどを製造・販売
1947	盛香堂に名称変更、台湾で初めて政府認可の化粧品製造会社となる
1951	「林森美髪霜」が台湾第一号の商標を取得
1953	盛香堂が復興路（富興工廠1962所在地）に移転、工場と住居を構える
1962	盛香堂が台中市南区に移転、「桜桃」ブランドを立ち上げ黒砂糖ソープを販売
1973	スキンケアブランド「雪芙蘭」創設
1974	男性用スキンケアブランド「賓士」創設
2021	清筑設計が復興路の廃工場に入居、改修と店舗招致を経て「富興工廠1962」創立

富興工廠1962
https://www.fusionspace1962.com/
https://www.facebook.com/fusionspace1962
台中市東区復興路四段37巷2号　TEL：04-2222-0538
営業時間：11:00～20:00　休日：なし

空中回廊から垣間見る塩埕の今と昔
銀座聚場
旧 高雄銀座

▲寂れていた商店街に銀座聚場が光を灯す

　華やかなネオンサインの下を歩けば、両側の店から漂ってくる高級化粧品の香り——それが祖父母の時代の塩埕への記憶でしょう。高雄にある塩埕区は、当時は劇場やナイトクラブ、舶来品を取り扱う店舗など、わずか1.5平方キロメートル四方に数え切れないほどの店がひしめき合い、まるで逞しい心臓のように経済を突き動かし、地域に繁栄をもたらしました。1980年代には商業エリアの移転にともない、かつての活況は失われたものの、近隣の駁二芸術特区（港の倉庫エリアをリノベーションしたアートセンター）でのイベント開催により、人の流れが再び塩埕に戻ってきました。

一七七　四章　時代の変遷を俯瞰　銀座聚場

▲「高雄銀座」
（ウィキペディアより）

東京の銀座をオマージュ
戦後に栄えた商店街

　時は九十年前にさかのぼり、日本人の出資による「高雄銀座」が1936年に落成。「銀座」と命名したのは、東京の銀座のような繁華街となることを願ったものでしょう。しかし、数年も経たないうちに、第二次世界大戦の空襲で向かいに建つ「高雄劇場」（1921年落成の映画館、1928年に「高雄館」に改称）が破壊され、高雄銀座も甚大な損傷を受けてしまいます。そして終戦とともに、高雄銀座の日本人による運営に終止符が打たれたのでした。

　戦後は台湾人が経営する店舗が入り、1960年代に「高雄劇場」の跡地に「亜洲戯院」が落成すると、高雄銀座も1963年に「国際商場」として盛大に復活。新しくなった国際商場には、店舗の組合が東京で視察したアーケード式の商店街が導入されました。店舗の入った建物の両側を五階建てに増築し、中央には南北の出入口を繋ぐ通路が延び、三階以上の階には両側を行き来できる空中回廊が設けられました。高い吹き抜けは堂々とした貫禄と洗練を醸し出し、休日には大勢の客でごった返しました。

◀提供：銀座聚場

▼商店街の鉄窓花の多くは、
高雄・屏東地域に多い「祥雲」模様

▲銀座聚場に残る往時の看板。過去と現在が違和感なく同居している

四章 時代の変遷を俯瞰 銀座聚場

しかし1980年代に入ると、米軍の撤退や商業の中心地が移動したことにより、塩埕では人口が大量に流出し、国際商場はすっかり寂れてしまいました。舶来品や洋酒、輸入タバコの売店をはじめ、カフェやレストラン、バー、ナイトクラブなどほとんどの店が閉業し、多くが放置されたままか住居に転用されました。店の明かりや往来する人々の賑わいが消え、今ではひっそりとしてしまった国際商場ですが、五階建ての高い天井と空中回廊は、かつてあった輝かしい時代を偲ばせます。

時が止まったかのような小道に輝く レトロなカフェと民宿

「銀座聚場」は、そんな国際商場で空き家になっていた店舗をカフェ・民宿にリノベーションして生まれました。残された当時の手書きの看板から、ここが旗袍（チャイナドレス）も仕立てられる雑貨店であったことがわかります。この銀座聚場を運営する「参捌地方生活」の代表、承漢さんによれば、この店は20年以上も放置されていて、隣接する物件と構造柱を共有し、しかも屋上へ続く階段がなかったといいます（階段は隣接物件内にある）。銀座聚場がこぢんまりとした印象なのは、当時の所有者が店舗を二つに分けて売却したからなのでしょう。

◀一階のフロアの凹みは大浴場を思わせる

店内は一、二階のカフェと、三階から五階の民宿に分かれています。家具は木の素材感を活かし、それに合わせた灰色や青色などの落ち着いた色調でまとめられていて、温もりのある電球の間接照明がアットホームな雰囲気を醸し出しています。一階の入り口を入ると、一段低くなった座席エリアがあり、しかも周りがタイル張りのため、誰もが大浴場を連想してしまうでしょう。それもそのはず。当初、承漢さんはここを公共浴場にしようと考えていたのです。実現が難しいとわかり諦めましたが、お客さんがその縁に座っておしゃべりをしている様子は、まさに湯船の縁に腰掛けているかのようです。承漢さんが思い描いていた公共浴場内での人々の交流は、ある意味では実現されたと言えるかもしれません。

一八七　四章　時代の変遷を俯瞰　銀座聚場

▲古い棚のガラスには
花鳥や竹林の
砂吹きによる図案

二階以上は、昔の店舗経営者一家の住居でした。外側に面した木枠の窓を取り払ったため、視野はより広々とし、窓手前のテラゾー（人造大理石）の物置台は即席のカウンター席になりました。ここに座り、コーヒーを飲みながら、高雄の独特な祥雲形の「鉄窓花」（窓の飾り格子）を鑑賞したり、繁華を極めた頃の商店街を窓越しに想像したりするのもいいでしょう。三階と四階の宿泊階はどちらも和室で、五階はほかの階と雰囲気ががらりと変わり、機能性を重視したキッチンになっています。

一八八

一八九　四章　時代の変遷を俯瞰　銀座聚場

▲モダンかつ落ち着いた雰囲気の民宿の客室

▲5階のキッチンスペース

四章 時代の変遷を俯瞰 銀座聚場 一九一

　店内には壁に埋め込んだレトロな木製棚が三つ残されており、ガラスには花鳥や竹林の素朴な絵柄が砂吹きで描かれています。シャンデリアは承漢さんのお気に入りのコレクションだったもので、どうしてもこの店に取り付けたいと考えていました。その質素ながらもエレガントな輝きには、塩埕の過去の栄華が凝集されているかのようです。

　「参捌地方生活」は、塩埕にルーツに持つ承漢さんを中心に、塩埕に関する展示やガイドツアーなどの活動を通じ、埋もれたスポットに光を当ててきました。その延長線上にある「銀座聚場」も、塩埕に突如現れたのではなく、慎ましやかに塩埕の人々の生活に融け込んだ空間です。塩埕のレトロな魅力は、時が止まったかのような空間と親切で心優しい住民、代々続く老舗の頑固なほどのこだわり、そして数十年経っても消えることのない落ち着いた華やかさにあるのでしょう。銀座聚場は商店街に架かった空中回廊のように、地域の住民と外からやって来る人々を繋ぎ、塩埕の過去と未来を繋いでいます。

建物の歩み

年	主な出来事
1921	高雄劇場落成
1928	高雄劇場が高雄館に改称
1936	高雄銀座落成
1945	高雄館が第二次世界大戦中の爆撃により全壊
1961	高雄館跡地に亜洲戯院が建設される
1963	高雄銀座を国際商場に改築
2020	銀座聚場オープン

銀座聚場
https://3080s.com/ja/takaoginza-ja/
高雄市塩埕区五福四路260巷8号　TEL：07-521-5360
［カフェ］営業時間：13:00〜19:00
休日：月曜〜木曜

著者紹介：老屋顔（辛永勝・楊朝景）

台湾各地に足を運んで各年代のレトロ建築を訪ね歩き、レトロ建築のファンクラブ「老屋顔」を設立する。SNS上で活発に情報発信するほか、さまざまな形でレトロ建築の魅力を伝える活動を行っている。著書に『台湾レトロ建築案内』『台湾名建築めぐり』『台湾レトロ建築さんぽ 鉄窓花を探して』（いずれもエクスナレッジ刊）。
www.facebook.com/OldHouseFace
www.instagram.com/oldhouseface/

訳者紹介：小栗山智（おぐりやま とも）

日中通翻訳者。東京外国語大学中国語学科卒業、台湾輔仁大学翻訳学研究所日中通翻訳科修了。香港で放送通訳、金融翻訳などのインハウス通翻訳を経て、現在はフリーランス。訳書に『台湾名建築めぐり』『台湾レトロ建築さんぽ 鉄窓花を探して』（いずれもエクスナレッジ刊）、『複眼人』（KADOKAWA）等がある。

台湾レトロ建築をめぐる旅

2024年11月18日　初版第1刷発行

著・写真	辛永勝・楊朝景
訳者	小栗山智
発行者	三輪浩之
発行所	株式会社エクスナレッジ 〒106-0032 東京都港区六本木7-2-26 https://www.xknowledge.co.jp/

問い合わせ先　［編集］
Tel: 03-3403-5898
Fax: 03-3403-0582
info@xknowledge.co.jp
［販売］
Tel: 03-3403-1321
Fax: 03-3403-1829

無断転載の禁止

本書の内容(本文、写真、図表、イラスト等)を、当社および著作権者の承諾なしに
無断で転載(翻訳、複写、データベースへの入力、インターネットでの掲載等)することを禁じます。